Psicomotricidade

reflexões, contextos e mediações

Editores

Guida Veiga, Jorge Fernandes,
António Ricardo Mira, José Marmeleira

DEDICATÓRIA

A todos aqueles que forem capazes de transformar estas palavras numa forte razão para reflectir o saber-teórico, contextualizar o saber-fazer e encontrar mediadores para desenvolver uma prática psicomotora ajustada.

ÍNDICE

Agradecimentos — vii

Prefazio — ix

Prefácio — xvii
Franco Boscaini

Qual psicomotricidade? Reflexões. — 1
Jorge Fernandes

O cuidado na prática psicomotora. Aspetos do amadurecimento corporal. — 31
Gabriela Almeida & Tiago Estêvão

Corpo e emoção. O papel das intervenções de mediação corporal no bem-estar emocional. — 59
Guida Veiga

Corpo, emoção e saúde mental. Inter-relações e reciprocidades. — 71
José Marmeleira

Prise en charge de l'enfant premature. Approche psychomotrice. — 87
Nelly Thomas

Psychomotricité et adolescence. — 111
Catherine Potel

La psychomotricité à domicile. — 121
Andrè Brandily

Comunicação não-verbal. O toque na prática psicomotora. — 135
António Ricardo Mira & Guida Veiga

Terapias expressivas. Uma via na formação do psicomotricista. — 151
Graça Duarte Santos

Vivências em meio aquático: uma visão psicomotora. — 169
Ana Rita Matias

Sobre os autores — xxv

AGRADECIMENTOS

Às pessoas, sempre alunos, a quem nos votámos, pela sua exigência incitadora e merecimento próprio.

PREFAZIO

Ho letto volentieri i lavori, alquanto scientifici, degli autori presenti nel libro, per cui, avendomi emozionato in modo psicomotorio, cercherò di scrivere secondo la mia spontanea espressività riflessiva, frutto dell'elaborazione delle mie conoscenze ed esperienze.

A prima vista il titolo sembra generico; in realtà la dedica è esplicativa come omaggio verso coloro che hanno contribuito e contribuiscono allo sviluppo della Psicomotricità come scienza e professione.

Tuttavia, va riconosciuto che anche gli autori del libro si propongono come continuità in modo coerente col passato, dimostrando un ulteriore e coerente avanzamento del sapere psicomotorio nella prospettiva futura. In effetti, va riconosciuto lo sforzo nel raccogliere testi e verificarne la coerenza teorica sulla base del concetto imprescindibile dell'unità mente-corpo della persona, di cui il corpo è allo stesso tempo spazio fisico e psichico. Il lavoro, poi, sembra essere basato sul desiderio di stimolare la ricerca di una chiarezza sulla Psicomotricità come disciplina e professione. Per questo, vista la vastità degli argomenti trattati, farà delle riflessioni su un paio di temi, in quanto tutti hanno dei punti in comune.

La Psicomotricità come metadisciplina di fronte alla complessità della persona

Mi sembra centrato iniziare il libro con l'argomento sull'identità della Psicomotricità in quanto gli interrogativi e le riflessioni di *Jorge Fernandes*, supportati e integrati da quelli dei colleghi, pongono immediatamente la relativa questione epistemologica.

Questione che ha a che fare con quella dell'unicità o meno della Psicomotricità come disciplina. Una questione che, in modo esplicito o meno, emerge negli scritti di tutti gli autori.

Se lo statuto epistemologico della Psicomotricità è basato sul concetto dell'unità mente-corpo della persona, questa unità concerne qualsiasi individuo come singolo e come società, estendendosi poi a quello di benessere e patologia.

Pensare a più Psicomotricità vorrebbe dire misconoscere la singolarità di qualsiasi individuo; vorrebbe dire spostarsi nella direzione del dualismo platonico e cartesiano, nel dualismo medicina e psicologia, nella contrapposizione salute e patologia, prevenzione e terapia.

La Psicomotricità è una sola, alla pari dell'unicità dell'individuo fra tante persone all'interno di una società complessa.

Ma prima della complessità sociale esiste quella della singola persona in quanto costituita di molteplici bisogni, potenzialità e competenze che non possono essere confrontati con quelli altrui. Parlare di più Psicomotricità significherebbe considerare in modo particolare alcuni bisogni meglio di altri andando contro il principio dell'armonia psicomotoria del singolo.

Piuttosto che parlare di molteplicità di Psicomotricità, caso mai si tratta di individuare varie metodologie e tecniche in ragione dei bisogni, della problematica, dell'età, dei contesti e degli obiettivi. Ila conferma viene anche da alcuni lavori di questo libro riguardanti i mediatori e i contesti in cui svolgere la pratica psicomotoria. Parlare di Psicomotricità relazionale, funzionale o altro significa non avere chiaro il concetto di fondo della stessa Psicomotricità in cui funzione, relazione o altro sono costitutive della stessa disciplina, che, come tale, non ha bisogno di aggettivi aggiuntivi.

Se la persona è per sua natura complessa, anche la stessa Psicomotricità è complessa e di cui bisogna essere coscienti per sapere su quali conoscenze bisogna basarsi e come si deve operare. In effetti, tale complessità richiede di avere chiaro quale sia l'oggetto di studio della Psicomotricità. Quello generale è il singolo individuo, in quanto tutte le persone sono soggetti psicomotori; mentre l'oggetto specifico di tale disciplina sono le patologie psicomotorie in quanto espressione, come dicevano Ajuriaguerra e Soubiran nel lontano 1959, di un disordine psichico e della comunicazione espresso tramite la via corporea nel suo rapporto col mondo. Una posizione di superamento del dualismo proprio perché gli autori collocavano i disordini psicomotori tra la dimensione neurologica e quella psicologica, senza sovrapporsi sull'una o sull'altra, ma situata in uno spazio disciplinare autonomo.

Disordini psicomotori che traducono la complessità della loro espressione e comprensione sin dagli inizi della vita. In effetti, la psiche prima di essere intelligenza, come sottolineato da Piaget, è al contrario, per Wallon e Ajuriaguerra, emozione, relazione e comunicazione per i quali il corpo costituisce il terreno in cui origina, si struttura e si sviluppa la psiche stessa. Nell'esperienza del dialogo tonico-emozionale si costituiscono le premesse per tutte le competenze psicomotorie future, funzionali, cognitive, affettive, sociali e comunicative. Diversamente dalla concezione neuromotoria e fisioterapica, e dell'Educazione fisica è sul tono e il movimento in quanto relazione che gradualmente si inseriranno ed integreranno anche le competenze motorie, intellettive e del linguaggio.

Una complessità psicomotoria sempre in trasformazione che non è comprensibile riferendosi ad una sola disciplina. Ecco, allora, riferendosi ad Ajuriaguerra, che in questo libro più autori affrontano la problematica secondo prospettive diverse. Ripetiamo che, se l'uomo è una realtà complessa, la Psicomotricità è una disciplina complessa che richiede l'apporto di qualsiasi disciplina che permetta di comprendere almeno in parte l'uomo. Ecco allora che la Psicomotricità è innanzitutto pluridisciplinarietà in quanto permette di allargare lo sguardo sull'uomo; ma allo stesso tempo è anche transdisciplinarietà in quanto, pur sfruttandone gli apporti, va oltre le conoscenze delle singole discipline per favorire l'unitarietà della conoscenza nella diversità al fine di meglio comprendere la realtà

Tuttavia, i disturbi psicomotori avendo la caratteristica di rappresentare tutta la persona non possono essere compresi soltanto con i criteri delle singole discipline, ma richiedono una lettura ulteriore al fine di trovare un significato diverso da quello delle singole discipline. In questo senso, la Psicomotricità non è solo espressione della pluridisciplinarietà e transdisciplinarietà, ma si costituisce come nuova disciplina in quanto è metadisciplina. Questo significa che va a ricercare un significato diverso rispetto alle discipline di partenza individuando un significato nuovo di secondo livello.

Questo perché non consideriamo solo il corpo oggettivo o soggettivo, ma ambedue in quanto, sulla base degli apporti di Trevarthen e Sterna, agiscono nell'intersoggettività tra paziente e psicomotricista.

Di fronte a tale complessità la Psicomotricità deve mantenere una posizione equilibrata senza far prevalere il sapere di una scienza rispetto alle altre. In questo senso la Psicomotricità, occupandosi dell'armonia e del benessere della persona, è una scienza di equilibrio di cui la relazione corporea costituisce l'indicatore evidente.

In questo senso, ancora, di fronte all'unicità della persona, della Psicomotricità e all'attuale valore del benessere, indipendentemente dallo stato di salute della persona, anche la pratica psicomotoria è una la quale, tuttavia, può esplicitarsi con modalità diverse che vanno dalla prevenzione alla presa in carico terapeutica, il cui obiettivo è la prevenzione e/o la presa in carico del disordine psicomotorio. Da qui ne deriva in modo logico la necessità di una professione specifica.

Il dialogo tonico come cura

Occupandosi lo psicomotricista della persona appara evidente, di conseguenza, la problematica dell'etica professionale in Psicomotricità posta da *Gabriela Almeida e Tiago Estevão*. Una questione importante in tutte le relazioni di tipo corporeo, considerata la delicatezza della stessa relazione, ma ancor di più in Psicomotricità. In questo caso, lo psicomotricista deve sapere come agire nel rispetto del paziente e dei suoi bisogni. Un'etica concernente non tanto la cura fisica quanto psichica, richiedente la comprensione, l'accoglienza e la condivisione del disagio psichico espresso tramite la corporeità. Una situazione in cui il paziente si affida corpo e mente nella dipendenza, mentre lo psicomotricista rischia di porsi in una posizione di onnipotenza.

Lo psicomotricista deve avere chiaro che il bisogno di cura è innato, è sempre esistito nella storia dell'uomo in quanto è suo compito avere cura di sé, delle cose e degli altri. Non solo in generale, ma anche e soprattutto nelle situazioni di fragilità divenendo immediatamente essere oggetto di cura.

Dal punto di vista sia esperienziale che teorico il modello di cura è quello connesso al rapporto madre-bambino nella duplice situazione di Winnicott di holding e di handling. In effetti, lo psicomotricista deve essere cosciente che la cura non è solo finalizzata ad alleviare le sofferenze, ma soprattutto a favorire l'iniziale unità psico-corporea e il processo di progressiva autonomia. Un'esperienza connessa al sentimento di sicurezza, fiducia e al costituirsi del legame di attaccamento.

Per questo, lo psicomotricista, alla pari della madre, mette a disposizione il proprio corpo come dato fisico e psichico in cui la centralità dell'esperienza è basata sul dialogo tonico, sul piacere-sofferenza, sull'attivazione della psiche e della relazione.

Ma diversamente dalla spontaneità della madre, lo psicomotricista deve saper curare in modo intenzionale e cosciente, cioè in modo tecnico, sapendo di attivare emozioni, introdurre, in quanto oggetto affettivo, pensieri e desideri nel corpo altrui. Sapendo, ancora, di facilitare l'integrazione, al posto del cervello immaturo o non disponibile, di un lavoro psichico sul corpo. Deve essere cosciente che, di fronte ad una facile regressione, senza alcuna interpretazione, si ascolta e si ipotizzano i bisogni altrui grazie all' empatia cognitiva ed emotiva, ma anche all'empatia affettiva del movimento con l'obiettivo di costruire una identità integrata corpo mente.

Interessante la nozione approfondita dagli autori dello psicomotricista, e quindi della presa in carico, come ambiente contenitivo e stimolante allo stesso tempo.

D'altra parte, gli autori ricordano che, per sapere che cosa significa cura in termini intersoggettivi, deve avere coscienza di essere stato curato. E da questo deriva la necessaria formazione psicocorporea dello psicomotricista al fine di comprendere il senso dell'essere stato curato. L'obbligatorietà della formazione permette di capire che le modalità psicomotorie di relazione corporea di cura sono molteplici di cui bisogna cogliere lo specifico significato dato dagli interlocutori.

Ecco allora la centralità del corpo mediatore di relazione, luogo di espressione delle emozioni nella valutazione e nell'intervento così come il ruolo estensivo dei mediatori in funzione, come sottolinea *Guida Veiga*, di cura.

Curare con queste modalità psicomotorie significa condividere emozioni che alleviano la sofferenza del paziente nel dialogo tonico. Esperienza che, in via primaria coinvolgendo il sistema enterico, deve avvenire all'interno di ritmi esperienziali regolari e familiari assieme a qualche ritmo imprevisto al fine di suscitare nuove emozioni e favorire l'attenzione alla novità e aprirsi all'altro.

Molti sono gli esempi esplicativi forniti dai vari autori, pur se con modalità diverse, a seconda del contesto e dei mediatori usati con i casi clinici, i quali sottolineano la competenza specifica dello psicomotricista.

Non si può vivere senza emozioni, esse costituiscono un elemento vitale che sostiene il sentimento di esistere persone e favorisce il legame con l'altro. In loro assenza, eccesso o instabilità ne derivano facilmente disordini a livelli diversi.

Ed è proprio questo che Wallon e soprattutto Ajuriaguerra avevano compreso, individuandole emozioni e il dialogo tonico come il termometro del benessere o meno della persona; avevano ancora compreso che prima di un lavoro strumentale bisogna favorire nel paziente un'esperienza vissuta e condivisa con lo psicomotricista. In effetti, prima di preoccuparsi del movimento intenzionale viene quello espressivo e comunicativo. E oggi gli studi, come ben confermato anche dagli apporti di tutti coloro che hanno contribuito alla stesura di questo libro, danno una risposta maggiormente scientifica rispetto alle intuizioni del passato.

Ma non si può trascurare qui il ruolo essenziale del contatto come tecnica specifica, con tutte le sue molteplici modalità psicomotorie, ben spiegate in modo teorico e pratico dettagliato da *António Ricardo Mira e Guida Veiga*. Una competenza naturale materna che gli psicomotricisti che devono acquisire ed interiorizzare nella formazione così da essere parte integrante e specifica della pratica professionale.

Conclusione

Questo lavoro di équipe, interessante, piacevole e scorrevole da leggere, costituisce una proposta di una visione allargata della Psicomotricità in quanto spazia su vari argomenti e ambiti dimostrando la competenza professionale dello psicomotricista e la sua capacità di fare ricerca. Il che dimostra l'autonomia della disciplina e della professione. D'altra parte, sia la bibliografia sia gli autori offrono un respiro di internazionalità che fa pensare come, in parallelo alla loro competenza nel dialogo corporeo psicomotricista-paziente, siano in grado analogamente di dialogare tra di loro come professionisti non solo nella cura delle persone ma anche per lo sviluppo della professione.

Franco Boscaini

Psicomotricista e psicólogo-psicoterapeuta
Diretor do CISERPP, Centro Italiano Studi e Richerche in
Psicologia e Psicomotricità

PREFÁCIO

Li, com prazer, os trabalhos, de alguma forma científicos, dos autores presentes no livro, e tendo-me emocionado de modo *psicomotor*, tentarei escrever de acordo com a minha expressividade reflexiva espontânea, fruto de elaboração sobre os meus próprios conhecimentos e experiências.

À primeira vista, o título parece genérico; na realidade é explicativo e permite uma homenagem a quem tem contribuído e contribui para o desenvolvimento da Psicomotricidade como ciência e profissão.

No entanto, deve reconhecer-se que os autores do livro também propõem uma continuidade coerente com o passado, demonstrando um posterior e coerente avanço do conhecimento psicomotor numa perspectiva de futuro. Efetivamente, reconhece-se um esforço em selecionar textos e em verificar a sua coerência teórica a partir do conceito essencial da unidade mente-corpo da pessoa, cujo corpo é ao mesmo tempo espaço físico e psíquico. Deste modo, o trabalho parece basear-se no desejo de incentivar a clarificação e o entendimento da Psicomotricidade como disciplina e profissão. Por isso, dada a vastidão dos temas abordados, irei refletir sobre algumas questões, pois todas têm pontos em comum.

A Psicomotricidade como metadisciplina face à complexidade da pessoa

Parece-me central iniciar o livro com o tema da identidade da Psicomotricidade, pois as questões e reflexões de *Jorge Fernandes*, apoiadas e integradas pelas dos seus colegas, levantam, de imediato, a questão epistemológica apresentada.

Uma questão que tem a ver com a da singularidade ou não da Psicomotricidade como disciplina. Uma questão que, explicitamente ou não, emerge nos escritos de todos os autores.

Se o estatuto epistemológico da Psicomotricidade se baseia no conceito da unidade mente-corpo da pessoa, essa unidade diz respeito a qualquer pessoa como indivíduo singular e como sociedade, estendendo-se então ao bem-estar e à patologia.

Pensar em muitas Psicomotricidades significaria desconsiderar a singularidade de qualquer indivíduo; significaria caminhar na direção do dualismo platónico e cartesiano, do dualismo da medicina e da psicologia, do contraste entre saúde e patologia, prevenção e terapia.

A Psicomotricidade é uma só, a par da singularidade do indivíduo entre muitas pessoas dentro de uma sociedade complexa.

Mas antes da complexidade social está a da pessoa única, pois é constituída por múltiplas necessidades, potencialidades e competências que não podem ser comparadas com as de quaisquer outras. Falar de muitas Psicomotricidades significaria considerar de modo particular algumas necessidades melhor do que outras, indo contra o princípio da harmonia psicomotora do indivíduo.

Mais do que falar da multiplicidade de Psicomotricidades, trata-se de identificar várias metodologias e técnicas baseadas em necessidades, problemas, idades, contextos e objetivos. A confirmação desta ideia também se expressa em alguns textos deste livro sobre mediadores e contextos nos quais se desenvolve a prática psicomotora. Falar de Psicomotricidade relacional, funcional ou outras Psicomotricidades significa não ter claro o conceito básico da própria Psicomotoridade em que função, relação ou outras são constitutivas dessa mesma disciplina que, como tal, dispensa adjetivos adicionais.

Se a pessoa é complexa por natureza, a própria Psicomotricidade também é complexa e é preciso estar consciente para saber em que conhecimentos deve apoiar-se e como operar. De facto, essa complexidade exige que se tenha uma compreensão clara sobre qual é o objeto de estudo da Psicomotricidade. O objeto geral é o indivíduo enquanto ser único, pois todas as pessoas são sujeitos psicomotores, enquanto o objeto específico desta disciplina são as patologias psicomotoras como expressão de um distúrbio psíquico e da comunicação expressa pela via corporal na sua relação com o mundo, como diziam Ajuriaguerra e Soubiran no longínquo 1959. O que expressa uma posição de superação do dualismo, justamente porque estes autores situavam as perturbações psicomotoras entre as dimensões neurológica e psicológica, sem sobrepor uma ou outra, mas situadas num espaço disciplinar autónomo.

Perturbações psicomotoras que traduzem a complexidade da sua expressão e compreensão existem desde o início da vida. De facto, o psiquismo antes de ser inteligência, como aponta Piaget, é, ao contrário, para Wallon e Ajuriaguerra, emoção, relação e comunicação pelo que o corpo constitui o terreno em cuja origem se estrutura e desenvolve essa mesma psique. É na vivência do diálogo tónico-emocional que se estabelecem as premissas para todas as futuras habilidades psicomotoras, funcionais, cognitivas, afetivas, sociais e comunicativas. Contrariamente à concepção neuromotora e fisioterapêutica, e da Educação Física, é sobre o tónus e o movimento, enquanto relação, que gradualmente se inserem e integram, também, as competências motoras, intelectuais e da linguagem.

Existe uma complexidade psicomotora sempre em transformação que não é compreensível se se basear numa única disciplina. Então, com referências a Ajuriaguerra, vários autores deste livro abordam o problema a partir de diferentes perspetivas. Repetimos que, se o homem é uma realidade complexa, a Psicomotricidade é uma disciplina complexa que requer a contribuição de qualquer disciplina que nos permita compreender o homem pelo menos em parte. Aqui, então, é que a Psicomotricidade é, antes de tudo, pluridisciplinar, pois permite ampliar o nosso olhar sobre o homem; mas, ao mesmo tempo, também é transdisciplinar na medida em que, usufruindo dessas aportações, vai para além do conhecimento das disciplinas individuais para favorecer a unicidade do conhecimento na diversidade e melhor compreender a realidade.

Todavia, ao tomar-se em consideração as características da pessoa como um todo, as perturbações psicomotoras não podem ser entendidas apenas segundo os critérios de algumas disciplinas de forma individual, mas requerem uma leitura posterior para que se encontre um significado diferente daquele que é fornecido unicamente por cada disciplina. Neste sentido, a Psicomotricidade não é apenas uma expressão de pluridisciplinaridade e transdisciplinaridade, mas constitui-se como uma nova disciplina, pois é uma metadisciplina. Isso significa que ela busca um significado diferente das disciplinas das quais parte, identificando um novo significado de segundo nível.

Isso porque não consideramos apenas o corpo objetivo ou subjetivo, mas ambos, pois, a partir das contribuições de Trevarthen e Sterna, atuam na intersubjetividade entre paciente e psicomotricista.

Diante dessa complexidade, a Psicomotricidade deve manter uma posição equilibrada sem fazer prevalecer o conhecimento de uma ciência sobre as demais. Nesse sentido, a Psicomotricidade, que trata da harmonia e do bem-estar da pessoa, é uma ciência de equilíbrio da qual a relação corporal é o indicador óbvio.

Ainda nesse sentido, diante da singularidade da pessoa, da Psicomotricidade e do valor atual do bem-estar, independentemente do estado de saúde da pessoa, também a prática psicomotora é una podendo, todavia, explicitar-se através de diferentes modalidades que vão desde a prevenção aos cuidados terapeuticos cujo objectivo é a prevenção e/ou o cuidar das perturbações psicomotoras. Daí a lógica da necessidade de uma profissão específica.

Diálogo tónico como cura

Ocupando-se o psicomotricista da pessoa, parece evidente, como consequência, levantar-se a problemática da ética profissional em Psicomotriciodade, colocada por *Gabriela Almeida* e *Tiago Estevão*. É uma questão importante em todas as relações de tipo corporal, considerando a delicadeza dessa mesma relação, mas ainda mais na Psicomotricidade. Neste caso, o psicomotricista deve saber agir de acordo com o paciente e as suas necessidades. Uma ética de cuidado, tanto físico como psíquico, exige compreensão, aceitação e partilha de desconforto psíquico expresso por meio do corpo. Uma situação em que o paciente se permite confiar o corpo e a mente ao psicomotricista, correndo este o risco de se colocar numa posição de omnipotência.

Para o psicomotricista deve ser claro que a necessidade de cuidar é inata e sempre existiu na história do homem, pois é seu dever cuidar de si, das coisas e dos outros. Não só em geral, mas também, e sobretudo, em situações de fragilidade, tornando-se imediatamente, objeto de cuidados.

Tanto do ponto de vista vivencial como teórico, o modelo de cuidar está vinculado à relação mãe-filho na dupla situação de holding e handling, segundo Winnicott. Com efeito, o psicomotricista deve estar ciente de que o tratamento não visa apenas aliviar o sofrimento, mas sobretudo promover a unidade psicocorporal inicial e o processo de autonomia progressiva. Uma experiência ligada ao sentimento de segurança, confiança e formação da vinculação.

Por isso, o psicomotricista, assim como a mãe, disponibiliza o seu próprio corpo como meio físico e psíquico em que a centralidade da experiência se baseia no diálogo tónico, no prazer-sofrimento, na ativação do psiquismo e da relação.

Mas, contrariamente à espontaneidade da mãe, o psicomotricista deve saber cuidar de forma intencional e consciente, ou seja, de forma técnica, saber ativar emoções, introduzir, enquanto objeto afetivo, pensamentos e desejos no corpo do outro. Sabendo também facilitar a integração no cérebro imaturo ou não disponível, deve proporcionar um trabalho psíquico sobre o corpo. Ele deve estar ciente de que, diante de uma fácil regressão, sem fazer qualquer interpretação, é necessário ouvir e encontrar hipóteses sobre as necessidades do outro, graças à empatia cognitiva e emocional, mas também à empatia afetiva do movimento, com o objetivo de construir uma identidade integrada corpo-mente.

É interessante a noção aprofundada pelos autores sobre o ser psicomotricista e, portanto, da terapia, como um ambiente ao mesmo tempo de contenção e estimulação.

Por outro lado, os autores lembram que, para saber o que significa tratamento em termos intersubjetivos, deve existir a consciência de ter sido tratado. E daí deriva a necessária formação psicocorporal do psicomotricista para compreender o significado de ter sido tratado. A obrigatoriedade da formação permite compreender que as modalidades psicomotoras da relação corporal de cuidado são múltiplas e que o significado específico dado pelos interlocutores deve ser apreendido.

Aqui está, pois, a centralidade do corpo como mediador da relação, lugar de expressão das emoções na avaliação e intervenção, bem como o amplo papel dos mediadores no ato de cuidar, como aponta *Guida Veiga*.

Cuidar em termos psicomotores significa compartilhar emoções que aliviam o sofrimento do paciente através de um diálogo tónico. Experiências que, envolvendo principalmente o sistema entérico, devem acontecer ao ritmo experiencial de situações regulares e familiares, para que quando aconteçam situações inesperadas, surjam novas emoções que estimulem a atenção à novidade e à abertura ao outro.

São muitos os exemplos explicativos fornecidos pelos vários autores, embora de formas diferentes, consoante o contexto e os mediadores utilizados com os casos clínicos e que sublinham a competência específica do psicomotricista.

Não se vive sem emoções, elas constituem um elemento vital que sustenta o sentimento da existência da pessoa e favorece o vínculo com o outro. Na sua ausência, excesso ou instabilidade, surgem facilmente perturbações a diversos níveis. Foi justamente isso que Wallon e sobretudo Ajuriaguerra entenderam, identificando as emoções e o diálogo tónico como o termómetro do bem-estar da pessoa; compreenderam ainda que antes de um trabalho instrumental é preciso favorecer uma experiência vivida e compartilhada entre o psicomotricista e o paciente. De facto, antes de se preocupar com o movimento intencional, vem o expressivo e o comunicativo. Hoje os estudos, como bem confirmado nas contribuições dos autores que participaram na escrita deste livro, apresentam um esclarecimento mais científico relativamente às intuições do passado.

Mas o papel essencial do contacto como técnica específica, com todas as suas múltiplas modalidades psicomotoras, não pode aqui passar despercebido, como está bem explicado de forma teórica e prática por *António Ricardo Mira* e *Guida Veiga*. Uma competência materna natural que os psicomotricistas devem adquirir e interiorizar durante a sua formação, de forma a tornar-se parte integrante e específica da prática profissional.

Conclusão

Este trabalho de equipa, interessante, agradável e de fácil leitura, constitui uma proposta de uma visão alargada da Psicomotricidade e amplia os seus vários argumentos e âmbitos, demonstrando a competência profissional do psicomotricista e a sua capacidade de investigação. Isso demonstra a autonomia da disciplina e da profissão. Por outro lado, tanto a bibliografia como os autores oferecem um sopro de internacionalidade que sugere como, paralelamente à sua competência no diálogo corpóreo psicomotricista-paciente, são igualmente capazes de dialogar entre si não apenas no sentido profissional para cuidar das pessoas, mas também para o desenvolvimento da profissão.

Franco Boscaini

Psicomotricista e psicólogo-psicoterapeuta
PhD, Doutorado pela Universidade de Jaén, Espanha
Diretor do CISERPP, Centro Italiano Studi e Ricerche in
Psicologia e Psicomotricità

QUAL PSICOMOTRICIDADE?
Reflexões

Jorge Fernandes

Primeira reflexão

A comunidade epistémica em psicomotricidade.
Existe mais que uma psicomotricidade?

A psicomotricidade pode ser enquadrada numa alusão familiar metafórica. O neuropsiquiatra Philippe Tissié (1852-1935) pode ser considerado o *avô paterno da psicomotricidade* por ter desenvolvido um método de ginástica médica para melhorar a volição e Ernest Dupré (1862-1921), também neuropsiquiatra, pode ser considerado o *avô materno da psicomotricidade* por ter caracterizado a debilidade motora como uma anomalia da mobilidade por analogia à debilidade mental (Ballouard, 2008). Nesta ascendência familiar, Julian de Ajuriaguerra deve ser considerado o *pai da psicomotricidade* (Ballouard, 2008; Joly, 2016a). Esta paternidade deve-se ao fato de ter sido quem pela primeira vez isolou e definiu a perturbação psicomotora com base nas contribuições da neuropsiquiatria, da psicologia genética, da fenomenologia e da psicanálise, caracterizando-a como uma forma particular de organização tónico-motora associada ao desenvolvimento psicoafetivo, não tendo que estar associada a uma alteração neurológica, mas ligada aos afetos e associada ao soma por onde se expressa (Ajuriaguerra & Soubiran, 1959/2009); e por Ajuriaguerra ter sido o responsável pela génese da formação profissional de psicomotricistas e da fundamentação teórico-prática das terapêuticas psicomotoras.

Onde termina esta árvore genealógica? Nos *filhos* e *netos*? Talvez… em cada psicomotricista que aplicou e/ou aplica esta práxis seguindo os pensamentos originais e os princípios estruturantes da psicomotricidade. Pensamentos originais que não são estáticos, pois, como refere Potel (2010a, 2019), o desenvolvimento da psicomotricidade com o aparecimento de novos sectores de intervenção é influenciado pelas problemáticas contemporâneas de cada época e pelo significado da dimensão real e imaginária do corpo na sociedade. Com o passar do tempo existem transformações em qualquer disciplina. Por isso, o conhecimento psicomotor deve adaptar-se ao aparecimento de novas perspectivas teórico-epistemológicas sem, no entanto, anular os princípios básicos que, na origem, justificaram o surgimento da psicomotricidade e, na atualidade, justificam a sua importância.

A génese da fundamentação teórica e da formação profissional em psicomotricidade está associada ao primeiro serviço de reeducação psicomotora (*Service de Rééducation des Troubles de la Psychomotricité et du Langage*) do Hospital Henri-Roussel, em Paris, onde eram atendidas crianças com problemas afetivos, de linguagem e de motricidade, sob a direção de Julian de Ajuriaguerra, entre os anos de 1947 e 1958, com a colaboração de outros médicos e alguns terapeutas (Le Camus, 1984). Neste serviço eram recebidos estagiários de várias nacionaldades, oriundos de áreas pedagógicas ou terapêuticas, que pretendiam conhecer a prática psicomotora (Herman, 2008; Grabot, 2019). Assim, foi surgindo a necessidade de desenvolver e oficializar este conhecimento como disciplina científica e área profissional, criando-se a primeira formação de psicomotricistas no Hospital de Pitiè Salpêtriére, em 1963, que conferia um *certificado de capacidade em reeducação psicomotora* aprovado pelo Ministério da Educação Francês. Com o passar dos anos e a confirmação da importância da psicomotricidade na área da saúde desenvolveu-se, em 1974, uma nova formação que concedia um *diploma de estado de psicoreeducador*. Como consequência da evolução dos conhecimentos, este diploma foi substituído pelo *diploma de estado de psicomotricista*, em 1985, que se mantém até aos dias de hoje (Ballouard, 2006, 2008; Grabot, 2019). Constata-se que, a partir de 1974, o estado francês enquadrou esta profissão na área da saúde. No entanto, só reconheceu os psicomotricistas com o mesmo estatuto dos outros técnicos de saúde (área da paramedicina) entre o final de 1994 e início de 1995 (Ballouard, 2008; Hermant, 2008).

De referir que, em Portugal, a formação em psicomotricidade - que confere *Licenciatura em Reabilitação Psicomotora* - teve início em 2002 na Faculdade de Motricidade Humana (Universidade de Lisboa) e, em 2007, na Universidade de Trás-os-Montes e Alto Douro e na Universidade de Évora, existindo também a possibilidade de continuação de estudos académicos a nível de mestrado e doutoramento.

De acordo com Giromini e Coutelleau (2015), a história da profissão de psicomotricista em França (país de origem), pode ser dividida em 4 períodos. Num primeiro período, entre 1950 e 1965, quando se operacionalizou o *início da conceptualização e constituição da psicomotricidade*, as intervenções psicomotoras eram dirigidas principalmente a crianças com problemas de personalidade e de comportamento e, também, a adultos hospitalizados em neuropsiquiatria, através da aplicação de técnicas corporais. Nesta época do pós-guerra, Grabot (2019) refere que o paradigma da psicomotricidade foi influenciado pela importância dada à relação entre o corpo e o psiquismo, como é demonstrado pelos trabalhos desenvolvidos por Henry Wallon, nomeadamente através de uma das suas obras, editada em 1970, - *De l'acte à la pensée* -, mas escrita em 1942. Outras influências à episteme desta época, tiveram origem no trabalho de Jean Piaget sobre o papel do agir e do sensório-motor no desenvolvimento da inteligência (Piaget, 1950/2007) e de René Spitz sobre a síndrome do hospitalismo (Spitz, 1945), relacionado com a privação afetiva dos cuidados maternos em crianças hospitalizadas, que levou à aplicação de experiências práticas baseadas na relação afetiva com as figuras de vinculação. A partir dos conhecimentos apresentados por estes autores, Ajuriaguerra aglutinou os saberes necessários para justificar a importância da relação corporal no desenvolvimento da criança ou no cuidar das perturbações psicomotoras (ver Ajuriaguerra, 1962/2009 para mais detalhes).

O segundo período, entre 1965 e 1980, que se caracterizou pela *institucionalização da psicomotricidade como disciplina paramédica*, coincidiu com a separação entre a neurologia e a psiquiatria (divisão da neuropsiquiatria), contribuindo para a afirmação do pensamento dualista cérebro *versus* psiquismo. Vai ser nesse contexto dual que algumas áreas da saúde vão enraizar ou solidificar os seus fundamentos: umas centram-se na neurologia, outras na psiquiatria e pedopsiquiatria, como foi o caso da psicomotricidade. Nesta época, a psicomotricidade, para além de assumir uma abordagem terapêutica com formação profissional, também foi aplicada fora do processo de profissionalização. Integrou a área educativa associada direta ou indiretamente à educação física, com Le Boulch (1966) e Pick e Vayer (1976) que elaboraram intervenções centradas no desenvolvimento psiconeuromotor e também com Lapierre e Aucouturier (1975) que criaram uma prática psicomotora educativa relacional em que incorporaram as noções de fusão afetiva, de simbologia do movimento, de desejos primitivos e comportamento motor inconsciente. Todos estes autores contribuíram com novos olhares para a prática psicomotora educativa da época, mas a psicomotricidade como profissão do campo da saúde, com formação profissional baseada em fundamentos teóricos transdisciplinares já desenvolvia a sua própria identidade clínica, como se pode constatar em textos publicados por Ajuriaguerra (ver Joly & Labes, 2009 a, b, 2010 para consulta dos textos).

No terceiro período, entre 1980 e 1995, ocorreu a *diversificação da clínica psicomotora*, pela expansão da práxis centrada especificamente na criança, para as intervenções que abarcavam todo o ciclo de vida, ou seja, do bebé ao idoso. Diante desta diversidade de situações, o debate entre os aspectos relacionais e funcionais voltou a suceder. Existiu a preocupação de fundamentar teoricamente as noções de consciência humana e corporal, o que levou a revisitar a fenomenologia de Husserl (1907/2008), de Merleau-Ponty (1945/1999) e a hermenêutica de Ricouer (1969/1998), para se entender o efeito das vivências sensoriais, gestuais e das palavras nos comportamentos humanos e nos fenómenos que explicam a integração e união - inseparabilidade ontológica, como refere Lopes (2013) -, entre o corpo e o psiquismo. Neste período, Ajuriaguerra escreve um texto relembrando a importância do movimento, dos jogos corpo-a-corpo, do toque, do diálogo tónico e da relação afetiva no desenvolvimento psicomotor (Ajuriaguerra, 1989/2010, pp. 323-345).

Finalmente, o quarto período, a - *atualidade* - com inicio em 1995 até aos dias de hoje, caracteriza-se pela contribuição das neurociências com investigações que confirmam a influência das emoções nos comportamentos humanos, que comprovam as interceções entre cérebro e consciência e entre corpo e mente, apresentadas por António Damásio (2004, 2010), e pelo aparecimento de estudos realizados por psicomotricistas que vieram enriquecer a dimensão teórico-prática da psicomotricidade, como por exemplo: Éric Pireyre com o desenvolvimento da imagem compósita do corpo (Pireyre, 2011); André Bullinger com uma abordagem sensório-motora que envolve a sensorialidade, as emoções e a memória (Bullinger, 2011); Anne Gatecel e Sami-Ali que enquadram os conhecimentos da psicossomática na psicomotricidade (Gatecel, 2009; Sami-Ali, 2010); Benoit Lesage com indicações para uma prática psicocorporal (Lesage, 2012); Jérôme Boutinaud, Fabien Joly, Olivier Moyano ou Marc Rodriquez que incorporam e desenvolvem, com grande maestria, os conhecimentos transdisciplinares associados à práxis psicomotora (Boutinaud, Joly, Moyano, & Rodrigues, 2014); Fabien Joly que, de forma particular, aborda a importância do corpo, do jogar e da relação no desenvolvimento, na patologia e no ato terapêutico (Joly, 2010, 2014a, 2014b, 2015, 2016a, 2016b, 2016c, 2018); Catherine Potel que reúne os saberes multidisciplinares que fundamentam a psicomotricidade de forma notável e esclarecedora (Potel, 2010, 2015, 2019); Françoise Giromini que, através da produção de textos e participação em diferentes eventos, tem dado um contributo ímpar sobre o ensino e o enquadramento laboral da psicomotricidade (Giromini, 2014, 2015, 2018) e tantos outros teóricos e clínicos que estudam e aplicam a práxis psicomotora.

É de referir ainda algumas obras que dão uma visão global do conhecimento psicomotor: os três volumes da obra *Julian de Ajuriaguerra et la naissance de la psychomotricité*, publicados em 2009 e 2010, que têm como principais impulsionadores Fabien Joly e Geneviève Labes; os três volumes do *Manuel d'enseignement de psychomotricité* organizado por Philippe Scialom, Françoise Giromini e Jean-Michel Albaret, publicados em 2015; e *Le grand livre des pratiques psychomotrices*, organizado por Anne Vachez-Gatecel e Aude Valentin-Lefranc no ano de 2019. Em Portugal, pode assinalar-se, entre outros, a vasta obra produzida por Vitor da Fonseca, desde o livro *Escola, Escola quem és tu?* escrito em parceria com Nelson Mendes, em 1977, até *A organização práxica e a dispraxia na criança*, em 2013. Ainda, como não se pode deixar de referir, o pensamento de João dos Santos (1913-1987), como médico, psiquiatra, psicanalista, pedagogo que criou e dirigiu o Centro de Saúde Mental Infantil de Lisboa, entre outras instituições, e incentivou a introdução da práxis psicomotora no campo da saúde mental infanto-juvenil (vide obra de João dos Santos em https://joaodossantos.net/bibliografia/) que começou a ser aplicada neste centro por João Costa, em 1978, através de um olhar relacional sobre a psicomotricidade (Costa, 2008).

A atualidade caracteriza-se pela integração e evolução de conceitos associados ao corpo e ao psíquico, à função e à relação, ao esquema corporal e à imagem do corpo, continuando a reunir os principais saberes que fundamentam a práxis psicomotora desde a sua génese: psicanálise, neurociências, psicologia do desenvolvimento e psicopatologia. A participação e interação do conjunto desses saberes fazem parte dos princípios fundadores e basilares da psicomotricidade. Quando isso não acontece, por influência de um *pensamento simplificador* que se opõe à *complexidade*, fragmenta-se o todo, ou seja, separam-se os diferentes saberes, depois aglutinam-se as partes, isto é, unem-se apenas alguns dos saberes e, assim, criam-se especializações (ver Morin, 2005/2015 sobre a noção de complexidade). Através do pensamento simplificador, constroem-se práticas reeducativas funcionais ou terapias psicomotoras relacionais (uma ou outra) e também *psicomotricidades* personificadas de autor com nomenclatura própria. O que leva a colocar a seguinte questão: Existe mais que uma psicomotricidade? A psicomotricidade precisa de *nome* ou *apelido*?! A psicomotricidade em si não envolve a totalidade dos conhecimentos necessários para cuidar do ser humano na sua globalidade psicomotora?

Face ao exposto, o tema que orienta as reflexões desenvolvidas neste texto apresenta uma forma interrogativa: Qual psicomotricidade?

Segunda reflexão

O envelope psicocorporal como objeto psicomotor.
O corpo em relação como apanágio da práxis psicomotora.

A psicomotricidade fundamenta-se em quadros epistémicos variados, que constituem um *saber-teórico* cujo objeto de estudo são crianças, adolescentes, adultos ou idosos que apresentam, ou estão em risco de apresentar perturbações psicomotoras, associadas a alterações na motricidade, cognição e saúde mental, que afetam a forma como se relacionam com eles próprios e com os outros. A psicomotricidade é uma práxis que propicia ações de ajuda ao desenvolvimento, preventivas e curativas de forma individual ou em grupo. Este *saber-fazer* é aplicado em função das necessidades e características da pessoa/paciente, assim como, da personalidade e disponibilidade psicocorporal peculiar de cada psicomotricista. Assim, o que é comum na aplicação da práxis psicomotora é a função contentora do psicomotricista que, através do estabelecimento de uma relação, adaptada a cada pessoa, visa facilitar o funcionamento da estrutura psicomotora e do envelope psicocorporal (Veeser, 2015). O que é diferente é a forma individual como cada psicomotricista disponibiliza o seu corpo na relação e aplica o *saber-ser* com o objetivo de consolidar o envelope corporal e o envelope psíquico da pessoa (ver Gatecel & Giromini, 2019 para mais detalhes sobre os *três saberes* em psicomotricidade).

O envelope corporal é uma estrutura orgânica sensorial, de proteção e comunicação, constituída pela pele que separa fisicamente o exterior do interior. Apresenta uma face externa responsável pela sensorialidade e pelo contato com o mundo exterior e uma interna que ressente as variações tónicas

(Bullinger, 2011). O *envelope psíquico* corresponde a uma superfície imaginária, interiorizada psiquicamente, que separa o mundo interno do mundo exterior. Apresenta uma face externa voltada para o mundo exterior que desempenha o papel de para-excitação do psiquismo e uma interna que desempenha a função de receber e registar os pensamentos e sentimentos (Houzel, 2010). Na práxis psicomotora solicitam-se essas duas estruturas em simultâneo, na medida em que a função de conter e transformar em psicomotricidade, não se dirige só ao corpo, ao envelope corporal, mas também ao envelope psíquico (Veeser, 2015), de forma que a pessoa adquira o sentimento de existir num corpo com determinadas funções corporais e com identidade própria.

O *envelope psíquico* (Houzel 2010), a que Freud (1895/1996) e Bion (1962/1991) denominaram de *barreira de contacto*, Anzieu (1985/2000) de *Eu-pele* e Bick (1968) de *pele de contenção*, é uma estrutura intermediária que permite conter e transformar os conteúdos psíquicos. Qual a origem deste envelope, deste Eu-pele? Tomando como ponto de partida o pensamento de Didier Anzieu, pode-se aduzir que não existe nada no psíquico que não passe pela sensorialidade e pela motricidade. A pele pela sua, "complexidade anatómica, fisiológica e cultural antecipa no plano do organismo a complexidade do Eu no plano psíquico" (Anzieu, 1985/2000, p. 29). O aparelho mental apoia-se no corpo biológico. Por isso, este autor refere que é através de uma comunicação ecotátil intersensorial da pele, que se concebe a metáfora de Eu-pele como estrutura intermediária necessária para alcançar o Eu-pensante (Anzieu, 1985/2000, 1994/2002). A origem do Eu está no corpo.

Marinopoulos (2007) refere que existe uma semelhança entre o *corpo psíquico* e o *corpo real*, por ambos terem uma *pele*, uma membrana estruturada que desempenha a função de conter as pulsões, os afetos, as emoções, as representações, as sensações e as experiências vividas pelo corpo. A pele é uma superfície de estimulação permanente que está associada ao tónus e, também, "à manutenção do corpo em torno do esqueleto e de sua verticalidade" (Anzieu, 1985/2000, p. 30). Por sua vez, o tónus é a expressão da sensibilidade dos músculos ao próprio estiramento durante as posturas, movimentos ou mímicas, e constitui um sistema intermediário da comunicação emocional (Robert-Ouvray, 2007). Por isso, numa relação que passa pelo corpo, pelo tónus e pelos movimentos de dois actantes existe uma partilha de emoções. Destarte, o psicomotricista atua através do seu corpo, da pele, do toque, do movimento e do controle das suas próprias emoções para interagir com o corpo, os movimentos e atitudes tónico-emocionais da pessoa, na procura de uma serendipidade, ou seja, de acontecimentos não planeados ou esperados, mas que se transformam em algo vantajoso. Atua solicitando vivências motoras por *enação*, aqui entendida como a energia de uma relação sensório-motora, cognitivo-motora e tónico-emocional empática, que modifica ou cria algo de novo a nível da organização e função psicocorporal, práxica, tónico-emocional e simbólica da pessoa a quem é aplicada a intervenção psicomotora.

O psicomotricista solicita o funcionamento da função na relação corporal com o outro (Bergès, 1982, 2012) para proporcionar uma reestruturação psicomotora associada às funções cognitivas (processamento da informação, processos atencionais, entre outras), instrumentais (verticalidade, noção direita-esquerda, sentido cinestésico, entre outras) e psíquicas associadas às componentes da imagem corporal (identidade, consciência de si, angústias corporais arcaicas, entre outras), tudo "a um só tempo", como diz Morin (1990/2005, p. 218). Fica explícito que a psicomotricidade encerra uma abordagem epistémica abrangente, que envolve e não opõe o psíquico ao motor, o psicológico ao neurológico ou o relacional ao funcional.

Face ao exposto, poder-se-ia perguntar sobre a forma de estabelecer uma interação entre o psíquico e o motor, entre o relacional e o funcional? Esta seria uma falsa questão, pois existe uma ligação constante e natural. As relações tónico-emocionais e as funções motoras e cognitivas fazem parte de um corpo que tem expressão e movimento, assim como, o imaginário e o real coabitam o mesmo corpo. Existe unidade e diversidade, o que significa que o psicomotricista solicita o corpo numa perspectiva *Psico-Motora-Afetiva-Funcional-Relacional*, no sentido de atuar tanto a nível do *envelope psíquico*, através de uma membrana imaginária que envolve e suporta os afetos e os pensamentos individuais, como a nível do *envelope corporal*, através de uma membrana real que envolve e suporta o corpo da pessoa. Não será natural querer solicitar a relação sem a função ou a função sem relação. Poderá ser possível, mas não faz parte do pensamento psicomotor.

Esta noção de envelope vai além da noção de *limite*, pois o psicomotricista intervém *através do* envelope e não *no* envelope. Por isso, Gadesaude (2019) refere que o envelope psicocorporal abrange as habilidades motoras, a precisão dos gestos e a equilibração, em que os próprios músculos adquirem o significado de envelope, de estrutura contentora, que é necessária à apropriação dos conteúdos psíquicos. Utilizando outra analogia, o psicomotricista não atua *no* corpo para melhorar só as funções instrumentais e executivas, mas atua *através do* corpo-em-relação, *com a funcionalidade em relação,* para melhorar as funções motoras, cognitivas, instrumentais, executivas e afetivas. A relação corporal é imprescindível na práxis psicomotora, cuja importância é apresentada por Ajuriaguerra (1980/2010) no seguinte excerto:

> ... *le corps tout seul se vivant lui-même est une entité abstraite. En fait, le corps n'est rien sans le corps de l'autre, complice de son existence. C'est avec l'autre qu'il se voit et se construit [...] par*

> *l'intimité de ce miroir qui est l'autre et qui fait du nôtre un singulier.* (p. 128).

Poder-se-ia perguntar: Que tipo de relação corporal? Uma relação intersubjetiva de continentes psicocorporais que implica estar com o outro, comunicar com o outro, sentir o corpo do outro, partilhar olhares, partilhar falas, partilhar o toque, partilhar movimentos, partilhar jogos, partilhar a subjetividade do outro sem se confundir com ele. Não é uma relação entre circunstantes, mas sim entre actantes. É uma relação onde o psicomotricista (i) *observa* gestos mais ou menos coordenados que expressam pensamentos mais ou menos organizados, em que (ii) *recebe* atitudes carregadas de emoções, para depois as (iii) *transformar*, dar-lhes sentido e (iv) *devolver*, de forma equilibrada e empática. Uma relação que permite ajudar a pessoa a evoluir da execução de movimentos descoordenados para atividades práxicas assertivas e passar da ação à representação. Uma relação entre dois continentes *psicocorporais* (psicomotricista e pessoa), que permite (re)construir a imagem que a pessoa tem de si, a identidade, a organização tónica associada ao movimento, a proficiência do movimento, a consciência do corpo, a representação do interior do corpo, a sensação de continuar a existir ou, mesmo, o reassegurar das angústias corporais arcaicas (Pireyre, 2011).

O psicomotricista interage intuitivamente com as expressões corporais do outro, com a estrutura tónica, as posturas, a expressão das emoções, o ritmo do movimento e da voz colocando em prática o seu saber-ser (Gauthier, 2006). Dito de outra forma, estabelece uma relação transferencial entre dois continentes psicocorporais. No entanto, é importante entender que, em psicomotricidade, a noção de transferência liberta-se da estrutura analítica (transferência entre conteúdos psíquicos) para se enquadrar nas terapêuticas psicomotoras. O que acontece é que se converte numa *transferência horizontal* em que o psicomotricista através de uma relação corporal, em cada momento da sua atuação, desempenha o papel de *Eu auxiliar*, e não uma *transferência vertical*, em que a pessoa/paciente substitui a figura do terapeuta por uma figura de autoridade (pai, mãe, cuidador), em que o outro tem o papel de *Super-Eu*. Enquadra-se mais numa situação de transferência relacional do que numa transferência objetal, no entanto, o psicomotricista deve ter conhecimento de todos esses processos (ver Calza & Contant, 2007; Moyano, 1994; Potel, 2015 para mais detalhes).

Face às reflexões anteriormente apresentadas pode-se inferir que a psicomotricidade incorpora um objeto epistémico transdisciplinar que se operacionaliza através do corpo e da motricidade em relação. Pode-se deduzir que existe uma ligação de complexidade entre o *Psico* e o *Motor*, entre o envelope psíquico e o envelope corporal de cada um dos actantes e entre eles, de forma a consolidar as funções instrumentais, executivas e psíquicas. Neste mesmo sentido, Potel (2010b) refere que a grande importância dada pelo psicomotricista à relação corporal permite que o objetivo da sua intervenção não se limite à funcionalidade corporal, mas abranja a construção da identidade corporal e psíquica da pessoa.

Terceira reflexão

A psicomotricidade é transdisciplinar e complexa.
Não ao pensamento simplificador em psicomotricidade.

A comunidade epistémica em psicomotricidade é constituída pelos seus profissionais que apresentam um pensamento coletivo, com crenças e saberes uniformes que, por vezes, contrariamente ao esperado evidenciam diferentes ideologias. As eventuais faltas de convergência acontecem porque a estrutura teórica e prática da psicomotricidade envolve diversas perspectivas disciplinares. É uma área que requer um *cruzar de caminhos* por onde afluem diversos saberes, que Joly (2010, 2014b, 2016b) denomina de encruzilhada ou nó de conhecimentos. Este contexto multidisciplinar, faz com que alguns profissionais escolham apenas um determinado caminho e criem comunidades específicas. Acontece que, ao serem induzidos por um pensamento *simplificador*, separam, centralizam e hierarquizam os diferentes saberes, fundamentando as suas intervenções ou na teoria neurobiológica, ou neurocognitiva, ou psicodinâmica (Ciccone et al., 2007; Joly, 2010). Na prática separam o continente corporal do continente psíquico, a função motora da relação tónico-emocional. Ao invés de unirem, separam. Por esta razão, ao longo dos tempos, desenvolveram-se práticas reeducativas para melhorar as funções práxicas e executivas através de exercícios específicos; ou terapias psicomotoras de mediação corporal, em que o psicomotricista utiliza a sensorialidade e a subjetividade do movimento espontâneo para interagir com a personalidade e os afetos da pessoa. Face a esta dualidade, Potel (2019) assinala que o aparecimento de diferentes campos de atuação em psicomotricidade provoca uma clivagem profissional e conflitos individuais e institucionais, por promover proselitismos pela imposição de ideias/práticas pessoais e por fomentar hagiografias como se existisse alguma prática imaculada ou soberana face a qualquer outra.

Para além da dicotomia acima apresentada, Boutinaud, Rodriguez, Moyano e Joly (2014) referem que, nos tempos atuais, existe a tentativa de aproximar a psicomotricidade às ciências exatas, pela utilização da terminologia *terapia psicomotora baseada em evidências*, em oposição à denominada *psicomotricidade relacional* (ver Rivière, 2010 para mais detalhes), o que também traduz uma afiliação ao domínio neuro-motor-cognitivo em oposição ao referencial psicanalítico. Os mesmos autores esclarecem que a utilização dessa terminologia não é consequência de estudos teóricos ou práticos, mas a tentativa de aproximar a psicomotricidade ao campo científico pela simples analogia com a atual nomenclatura de *medicina baseada em evidência* (*evidence-based medicine*).

Face às dispersões ideológicas existentes, Potel (2015) apresenta a seguinte sequência temporal de acontecimentos: (i) nos anos 80 do século XX, os profissionais realizavam debates de forma a decidirem se a psicomotricidade devia ser reeducativa ou terapêutica; (ii) nos anos 90, instituíram a ideia que a psicomotricidade deveria estar associada à psicanálise de forma exclusiva; (iii) nos anos 2000, o tudo psíquico deu lugar a uma fundamentação comportamentalista com o apoio das neurociências; (iv) na atualidade tudo está em aberto, até em demasia. O que leva a refletir e a questionar se não está no momento de anular definitivamente qualquer separação entre os saberes da psicomotricidade e, deste modo, abolir qualquer dualismo em ato.

Uma práxis psicomotora que opõe o corpo à mente, a objetividade à subjetividade, as neurociências à psicanálise, ou a função à relação fica desprovida de sentido e limitada na sua identidade plural e complexa (Fernandes, Veiga, Gutierres Filho, 2022). Para a maioria dos autores, a psicomotricidade é integradora (Boutinaud, Rodriguez, Moyano, & Joly, 2014; Vachez-Gatecel & Valentin-Lefranc, 2019; Giromini, 2018; Joly, 2016a) e heteroclítica (Rodrigues, 2012). Nem tudo é organogenético, nem tudo é psicogenético. Não se pode separar a mente do corpo, o psico do motor, o relacional do funcional. Pelo contrário, a essência da matriz da psicomotricidade envolve as vivências corporais e o bom funcionamento do corpo nas suas nuances afetivas, históricas e relacionais (Joly, 2010). Neste sentido, Ajuriaguerra e Bonvalot-Soubiran (1959/2009) referem que:

> *L'objectif et le subjectif de l'action qui se déroule ne sont pas des réalités séparées. L'action est vécue dans son déroulement vers un but. Le déroulement de l'acte implique un fonctionnement physiologique, mais l'acte n'est pas qu'une addition de contractions*

> *musculaires, il est aussi appétence et prise de contact, domination ou destruction. L'action ne se présente pas comme l'activité d'un esprit désincarné, mais comme un déroulement avec antinomies internes.* (p. 58)

O problema não está na realização de uma práxis com abordagem e característica mais *funcional-corporal-objetiva-reeducativa* ou mais *relacional-psíquica-subjetiva-terapêutica* ou mais *funcional-relacional-corporal-psíquica-objetiva-subjetiva*, ou mais..., ou mais..., o problema está em não se articularem os diversos saberes transdisciplinares necessários a uma intervenção psicomotora que abranja a multidimensionalidade complexa do homem e a especificidade da pessoa. Não se pode esquecer que o homem é um ser total, constituído por corpo e mente, com função cognitiva, função motora, estrutura tónico-emocional, entre outras, ou seja, é um ser com capacidades funcionais (instrumentais e cognitivas) e necessidade de relação afetiva. Por isso, diversos autores (Boutinaud, Rodriguez, Moyano, & Joly, 2014; Ciccone et al., 2007; Joly, 2010) evidenciam que a psicomotricidade incorpora uma dupla negação: *não é apenas* funcional, *nem apenas* relacional; *não é só* neuromotora, *nem só* tónico-emocional. Também não necessita de nomes nem apelidos.

O ideal seria os psicomotricistas levarem em consideração a *complexidade* do funcionamento das componentes motora-cognitiva-psíquica-afetiva-social da pessoa. Assim, em vez de existir uma psicomotricidade só reeducativa (através de exercícios e treino da função, com reforços positivos e técnicas de resolução de problemas - *psiconeuromotora*) ou uma psicomotricidade só terapêutica (pelo entendimento que a expressividade corporal é apanágio de uma problemática intrapsíquica - *psicoafetivocorporal*), ambas coabitariam. Na realidade existem especificidades e divergências naturais entre ambas as práticas metodológicas, mas, também existem pontos de encontro que se complementam (ver Chagnon, 2018 para mais detalhes).

O que se pretende salientar é que a psicomotricidade deve envolver e fundamentar-se na interação de dois grupos de saberes: um que integra fenómenos relacionais (psiquiatria, psicologia dinâmica e psicopatologia clínica) e outro que solicita fenómenos funcionais (ciências cognitivas, neurociências, motricidade), sem existir qualquer separação, dualismo ou paralelismo. Por isso, torna-se importante entender que, em psicomotricidade, se o conhecimento for estruturado com base no *paradigma da complexidade* de Morin (2005/2015), não haverá tendência para fragmentar o todo ou a isolar as partes, mas sim juntar e articular as partes entre si: o *psico* com o *motor* e o *motor* com o *psico* e, cada um deles com o todo, - o *psicomotor*. O pensamento psicomotor deve manter a unidade sem esquecer a diversidade. Compreender as interações complexas entre os diversos saberes-teóricos e integrá-los no saber-prático é para os psicomotricistas, ou devia ser, um exercício fundamental para a aplicação da práxis psicomotora. É neste sentido que Fernandes et al. (2022) referem que:

> A incorporação do pensamento complexo no campo da psicomotricidade anula a simples justaposição de conhecimentos e constrói uma articulação entre vários saberes, para através da práxis ir ao encontro da história e subjetividade de cada pessoa e não apenas a uma parte das suas necessidades ou características. (p. 374)

A partir das cogitações apresentadas torna-se inequívoco que a psicomotricidade deve ter como foco as perturbações psicomotoras associadas às dispraxias, disgnosias, entre outras, conjuntamente com as alterações psíquicas expressas no corpo por dificuldades em inibir determinados comportamentos ou pela realização de movimentos excessivos. Tudo de forma síncrona, integrada e não uma de cada vez. Qualquer uma dessas condições não está separada da outra, como se constata, por exemplo, através de estudos que demonstram existir associações entre as dispraxias e problemas emocionais e comportamentais em crianças (Crane, Sumner & Hill, 2017), ou da presença desses problemas em adolescentes com dislexia (Eissa, 2010), ou pelas dispraxias estarem associadas a factores psicossociais em adultos (Li, Kwan, & Cairney, 2019). Sendo assim, entende-se porque motivo em psicomotricidade não se deve aceitar qualquer reducionismo simplificador centrado numa lógica só neuro-cognitiva-motora ou apenas numa lógica de escuta do insconsciente (Joly, 2010).

A práxis psicomotora deve ser adequada às características da pessoa, às suas dificuldades e, como refere Potel (2019), ao seu estado clínico. Não deve ser aplicada em função do psicomotricista querer ou não querer utilizar a relação, ou ter vontade de só solicitar o movimento práxico e não o movimento espontâneo, ou vice-versa. Deve ser aplicada através de *terapêuticas psicomotoras* que vão ao encontro do funcionamento global da pessoa e das suas necessidades específicas. Em psicomotricidade deve-se, sempre que necessário, solicitar o equilíbrio e o reassegurar a angústia da queda; a axialidade corporal e a identidade; a verticalidade do corpo e o sentimento de segurança; a percepção do corpo no espaço-tempo e a consciência de si; a organização tónica e o sentimento ser; ou as vivências sensório-motoras e o sentimento de existir. Cada um e a totalidade destes pares de funções relacionam-se entre si e influenciam a estrutura psicomotora da pessoa, ou seja, a função do movimento participa na construção da vida psíquica (ver Konicheckis & Korff-Sausse, 2015 para mais detalhes). Em psicomotricidade, a atenção dada ao corpo é necessariamente a mesma que se deve dar à realidade psíquica pois é a partir da experiência sensorial, da percepção e representação que o corpo se torna alicerce da vida psíquica (Ciccone, 2016).

A grande questão subjacente a esta reflexão é a seguinte: Será conveniente dividir a psicomotricidade em prática reeducativa (para os problemas funcionais-motores) ou prática terapêutica (para os problemas relacionais-psíquicos), ou será preferível que as necessidades de cada pessoa (de ordem funcional-motora ou de ordem afetiva-motora ou de ordem funcional-afetiva-motora: *que interagem entre si*) sejam as linhas orientadoras que permitem estabelecer as *terapêuticas psicomotoras*?

Quarta e última reflexão

Aglutinação de três pensamentos originais:
TCR – transdisciplinaridade, complexidade, relação.

O psicomotricista deve basear-se nos *saberes* transdisciplinares da psicomotricidade para delinear a (re)construção *Psico-Motora-Afetiva-Corporal* a fim de ajudar a pessoa a habitar o corpo e a estabelecer relações equilibradas entre o mundo interior e o mundo exterior. Habitar o corpo é o objetivo da práxis psicomotora? Sim. A psicomotricidade, como práxis, pretende, de forma geral, ajudar a pessoa a *(re)habitar* o seu corpo de forma continuada, ou seja, a estar no interior de si em permanência (Potel, 2019). Não se trata apenas de cuidar e preocupar-se com o corpo, mas pensar e aceitar o corpo hoje e antecipar e aceitar a sua forma futura que pode vir a ser diferente (Brun, 2006). Para o ser humano habitar o corpo é necessário integrar as sensações e representações que vivencia, aceitar a funcionalidade que tem (ou pode ter) e aceitar a estrutura psíquica que faz parte de si.

Muitos profissionais têm como objeto de intervenção o corpo. Melhorar o funcionamento neuromotor do movimento associado ao processamento da informação de um corpo-sujeito, assim como, a aptidão física e outras competências é, e bem, o objetivo do profissional de ciências do desporto. Reabilitar a estrutura anatómica e as componentes neuromotoras do movimento associadas a distúrbios cinéticos funcionais é, e bem, o objetivo do fisioterapeuta. Utilizar práticas ocupacionais e lúdicas, em consequência de alguma patologia, para facilitar a realização das atividades do dia-a-dia é, e bem, o objetivo do terapeuta ocupacional. Estimular ou inibir as funções do corpo-real e do corpo-imaginário, do envelope corporal e do envelope psíquico, através da motricidade em relação, para ajudar a pessoa a habitar o corpo é, e bem, o objetivo do psicomotricista. De forma geral, todos estes profissionais pretendem promover a saúde, bem-estar e qualidade de vida da pessoa ao longo de todo o ciclo de vida. No entanto, cada um dentro dos seus objetivos específicos.

O psicomotricista para alcançar os seus objetivos necessita de aceitar a diversidade do saber psicomotor e respeitar a matriz da psicomotricidade que tem como referência principal o pensamento de Julian de Ajuriaguerra e seus sucessores que, de forma dinâmica, continuam o pensamento original, peculiar e singular sobre as terapêuticas psicomotoras. Mas, a psicomotricidade envolve um pensamento original, particular e específico? Qual pensamento original? É importante começar por esclarecer que Ajuriaguerra preferia utilizar o termo *terapêuticas psicomotoras* por ser genérico e não causar ambiguidades relativamente à oposição causada pelas *reeducações versus terapias* (Joly, 2016a). No mesmo sentido, Liotar (2010) refere que Ajuriaguerra preferia esta terminologia à de *reeducação-psicomotora*, que apareceu com Guilmain em 1935, e que, nos anos 60, se transformou em RPM (*reeducação psicomotora*) caracterizada por aspectos essencialmente reeducativos, normativos, técnicos e pedagógicos. Este é um exemplo do *pensamento original* que acompanhou o desenvolvimento da psicomotricidade: rejeitar qualquer ligação a uma só área do conhecimento psicomotor. Por isso, Joly (2010, 2014b, 2016b) refere-se à existência de uma *encruzilhada* ou *nó* de conhecimentos que fundamentaram a génese e continuam fundamentar a psicomotricidade, "...des *nouages psychomoteurs chez l'Homme*"

(Joly, 2016b, p. 13). Encruzilhada que integra várias disciplinas que são transversais à psicomotricidade e se interinfluenciam, independentemente de cada uma delas ter particularidades específicas, com raízes e fundamentos próprios. Grupo de disciplinas que no seu conjunto dão corpo ao pensamento psicomotor numa dimensão transdisciplinar. *Em psicomotricidade tem de existir transdisciplinaridade.*

Outro *pensamento original* inerente à práxis psicomotora envolve o conceito de perturbações psicomotoras que, no seu todo, oscilam entre o neurológico e o psiquiátrico, entre o vivido mais ou menos desejado e o vivido mais ou menos suportado, entre a personalidade total mais ou menos presente e a vida mais ou menos representada (Ajuriaguerra & Soubiran, 1959/2009). Como refere Bergès (2012), é uma sintomatologia de acompanhamento, um estilo de funcionamento, uma fenomenologia particular de relações e associações, que não se expressa por um sinal único, mas por um conjunto de sinais. Num sentido metafórico, e parafraseando Joly (2010), pode-se dizer que a *imagem da perturbação psicomotora*, ou da práxis psicomotora, *não se expressa como uma fotografia*, mas *através de um filme* que, durante um determinado tempo, conta uma história onde existem sequências de cenas representadas por diversos atores. As cenas (*partes*) associam-se entre si e com o tema do filme (*todo*), da mesma forma que o tema do filme se relaciona com cada uma das cenas, ou seja, expressa um funcionamento complexo. Esta alegoria pretende referir que a psicomotricidade se constitui pela interação de diversos saberes e que na sua aplicação utiliza de forma simultânea o psico, o motor (*partes*) e o psicomotor (*todo*) que funcionam em reciprocidade. *Em psicomotricidade tem de existir complexidade* (ver Fernandes et al., 2022 para mais detalhes).

Finalmente, o terceiro *pensamento original*, inerente à práxis psicomotora, alicerça-se no *corpo em relação* (Ajuriaguerra e Angelerques, 1962/2009), na *motricidade em relação* (Jolivet, 1970), no *funcionamento da função na relação* (Bergès, 1982, 2012), na *motricidade lúdica em relação* (Joly, 2010), no *jogo-em-relação* (Fernandes, Gutierres Filho e Rezende, 2018) ou na relação entre duas subjetividades psicocorporais, como já foi referido anteriormente. Como assinala Joly (2014b), nas mediações terapêuticas os psicomotricistas implicam-se corporalmente, através do corpo e da motricidade em relação, sem serem intrusivos, de forma a *estar junto*, a *fazer junto*, ou a *jogar com*. Ajuriaguerra (1962/2009) refere-se à relação como um diálogo tónico-emocional, colocando em evidência a reciprocidade do sentir entre a mãe e a criança, ou entre o psicomotricista e a pessoa. Esta comunicação afetiva com o outro, que se expressa através do corpo, é fundamental ao longo de todo o ciclo de vida. Para a manutenção ou melhoria do funcionamento psicomotor solicitam-se gestos, atitudes e movimentos que, para além de serem realizados com proficiência num determinado espaço e tempo (real), têm de estar associados a situações imaginadas que se estruturam no desejo e prazer em fazer com o outro (Fernandes et al., 2018). Em psicomotricidade, a expressão tónico-emocional da pessoa ao ser recebida e processada pelo psicomotricista durante a relação, permite que ele atue de forma a (re)estruturar a imagem corporal, a sensibilidade somato-visceral, a funcionalidade do corpo real e a expressividade do corpo imaginário, ou seja, permite (re)estruturar a dimensão psicomotora da criança, do adulto ou do idoso com quem intervém. *Em psicomotricidade tem de existir relação.*

A psicomotricidade desde a sua origem inclui esta tríade de pensamentos originais - *transdisciplinaridade, complexidade e relação* (TCR) - que, ao integrarem na atualidade a sua estrutura teórico-prática expressam coerência epistémica. A psicomotricidade é uma disciplina dialética, unificadora, uniplural e configura a complexidade humana. A psicomotricidade fundamenta-se numa pluralidade de conhecimentos que se entrelaçam num nó único, de forma a serem utilizados e aplicados de acordo com o estado das funções motoras, mentais e afetivas de cada pessoa.

Em resumo, a psicomotricidade é apenas uma, agregadora nos conteúdos e diversificada na aplicação, sem divisões. É preciso relembrar e rememorizar que:

> [...] *la psychomotricité ne peut faire autrement que de convoquer et d'articuler les apports les plus fondamentalistes (des neurosciences, de la cognition, et des sciences développementales) avec les apports les plus subjectifs et relationnels de notre être (psychanalyse ou phénoménologie); qu'à perdre un élément de ce nouage, de cette intrication subjective serrée entre corps et psyché, on perde la psychomotricité toute entière... Et tous ceux qui hier ont voulu faire de la psychomotricité una pâle 'psychanalysette' détachée de toute option développementale voire instrumentale et motrice, ou que ceux qui aujourd'hui singent et vénèrent la seule aune (scientiste et illusoire) de la mesure pragmatique de la fonction et de la rééducation instrumentale de cette dite fonction ont perdu chacun et à chaque endroit l'objet psychomotricité.* (Joly, 2016a, p. 41-42).

Referências bibliográficas

Ajuriaguerra, J., & Soubiran, G. (1959). Indications et techniques en rééducation psychomotrice en psychiatrie infantile [Indicações e técnicas em reeducação psicomotora na psiquiatria infantil]. In F. Joly & G. Labes (Eds.), *Julian de Ajuriaguerra et la naissance de la psychomotricité.* (Vol. 1, pp. 55-116). Du Papyrus, 2009.

Ajuriaguerra, J. (1962). Le corps comme relation [O corpo como relação]. In F. Joly & G. Labes (Eds.), *Julian de Ajuriaguerra et la naissance de la psychomotricité* (Vol. 1, pp. 163-183). Du Papyrus, 2009.

Ajuriaguerra, J., & Angelergues, R. (1962). De la psychomotricité au corps dans la relation avec autrui, à propos de l'œuvre de Henri Wallon [Da psicomotricidade ao corpo na relação com o outro, a propósito da obra de Henri Wallon]. In F. Joly & G. Labes (Eds.), *Julian de Ajuriaguerra et la naissance de la psychomotricité* (Vol. 1, pp. 185-196). Du Papyrus, 2009.

Ajuriaguerra, J. (1980). Ontogenèse des postures, Moi et l'autre [Ontogénese das posturas, Eu e o outro]. In F. Joly & G. Labes (Eds.), *Julian de Ajuriaguerra et la naissance de la psychomotricité* (Vol. 3, pp. 121-132). Du Papyrus, 2010.

Ajuriaguerra, J. (1989). La peau comme première relation. Du toucher aux caresses [A pele como primeira relação. Do toque às carícias]. In F. Joly & G. Labes (Eds.), *Julian de Ajuriaguerra et la naissance de la psychomotricité* (Vol. 3, pp. 323-345). Du Papyrus, 2010.

Anzieu, D. (2000). *O Eu-pele* (2ª ed., Z. Yazigi & R. Mahfuz, Trad.). Casa do Psicólogo. (Publicado originalmente em 1985)

Anzieu, D. (2002). *O pensar. Do Eu-pele ao Eu-pensante* (Z. Rizkallah, Trad.). Casa do psicólogo. (Publicado originalmente em 1994).

Ballouard, C. (2006). *Le travail du psychomotricien* (2ᵉ éd.). [O trabalho do psicomotricista]. Dunod.

Ballouard, C. (2008). Les fondements historiques de la psychomotricité [Os fundamentos históricos da psicomotricidade]. *Contraste, 1-2* (28-29), 17-26. https://doi.org/10.3917/cont.028.0017

Bergès, J. (1982). *Sur la psychomotricité* [Sobre a psicomotricidade]. Association Lacanienne Internationale. https://www.freud-lacan.com/getpagedocument/7912

Bergès, J. (2012). Les troubles psychomoteurs chez l'enfant [Os problemas psicomotores na criança]. In S. Lebovici, R. Diatkine &, M. Soulé (Eds.), *Nouveau traité de psychiatrie de l'enfant et de l'adolescent* (Vol. 2, 2ᵉ éd., 2ᵉ tirage, pp. 1571-1597). Quadrige/Puf.

Bick, E. (1968). The experience of the skin in early object-relations [As experiências da pele nas relações objetais precoces]. *International Journal of Psychoanalysis, 49*(2), 484-486. https://pep-web.org/

Bion, W. (1991). *O aprender com a experiência* (P. Corrêa Trad.). Imago. (Publicado originalmente em 1962).

Boutinaud, J., Joly, F., Moyano, O., & Rodriguez, M. (2014). *Où en est la psychomotricité? État des lieux et perspectives* [Onde está a psicomotricidade? Situação e perspectivas]. Éditions in Press.

Boutinaud, J., Rodriguez, M., Moyano, O., & Joly, F. (2014). Les thérapeutiques psychomotrices aujourd'hui [As terapêuticas psicomotoras hoje]. In J. Boutinaud, F. Joly, O. Moyano & M. Rodriguez (Eds.), *Où en est la psychomotricité? État des lieux et perspectives* (pp. 15-35). Éditions in Press.

Brun, D. (2006). Avant-Propos: Habiter son corps [Preâmbulo: habitar o seu corpo]. *Recherches en Psychanalyse*, 6, 7-10. https://doi.org/10.3917/ rep.006.0007

Bullinger, A. (2011). *Le développement sensori-moteur de l'enfant et ses avatars* [O desenvolvimento sensório-motor da criança e as suas transformações] (2ᵉ éd.). Érès.

Chagnon, J. (2018). Approche clinique et psychopathologique des troubles développementaux et instrumentaux [Abordagem clínica e psicopatológica das perturbações desenvolvimentais e instrumentais]. In J.-Y. Chagnon (Ed.), *Approche clinique des troubles instrumentaux: dysphasie, dyslexie, dyspraxie* (2ᵉ éd., pp. 15-79). Dunod. https://doi.org/ 10.397/dunod. chagn.2018.01.0015

Ciccone, A. (2016). Apports de la psychomotricité aux autres disciplines et aux autres pratiques [Contribuições da psicomotricidade para as outras disciplinas e práticas]. In N. Girardier (Ed.), *La psychomotricité entre psychanalyse et neurosciences* (pp.121-132). Éditions in Press.

Ciccone, A., Guillaumin, J., Sage, B., & Rodriguez, M. (2007). Le nourisson: La dialectique psyche-soma [O recém-nascido: A dialética psique-soma]. In A. Calza & M. Contant (Eds.), *Psychomotricité* (3ᵉ éd., pp.52-104). Elsevier Masson.

Coimbra de Matos, A. (2017). *Nova Relação*. Climepsi.

Calza, A., & Contant, M. (2007). *Psychomotricité* [Psicomotricidade] (3ᵉ éd.). Masson.

Costa, J. (2008). *Um olhar para a criança. Psicomotricidade relacional.* Trilhos.

Crane, L., Sumner, E. & Hill, E. (2017). Emotional and behavioral problems in children with Developmental Coordination Disorders. [Problemas emocionais e comportamentais em crianças com perturbações no desenvolvimento da coordenação]. *Research in developmental Disabilities, 70,* 67-74. https://doi.org/10.1016/j.ridd. 2017.08.001

Damásio, A. (2004). *Ao encontro de Espinosa: As emoções sociais e a neurologia do sentir* (6ª ed.). Europa América.

Damásio, A. (2010) *O Livro da Consciência: A construção do cérebro consciente.* Temas e Debates-Círculo dos Leitores.

Eissa, M. (2010). Behavioral and emotional problems associated with dyslexia in adolescence [Problemas comportamentais e emocionais associados com as dislexias em adolescentes]. *Current Psychiatry, 17*(1), 17-25. https://psychiatry-research.com/texts/ins/HQ2010 -10400.pdf

Fernandes, J., Gutierres Filho, P., & Rezende, A. (2018). Psicomotricidade, jogo e corpo-em-relação: Contribuições para a intervenção. *Cadernos Brasileiros de Terapia Ocupacional, 26*(3), 702-709. https://doi.org/10.4322/2526-8910.ctoEN1232

Fernandes, J., Veiga, G., & Gutierres Filho, P. (2022). Psicomotricidade e paradigma da complexidade. *Psicologia e Saúde em Debate, 8*(1), 363-377. http://psicodebate.dpgpsifpm.com.br/

Fonseca, V. (2013). *A organização práxica e a dispraxia na criança: Abordagem neuropsicomotora às dificuldades de coordenação.* Âncora.

Freud, S. (1996). *Edição Standard Brasileira das Obras Psicológicas Completas. Publicações Pré-psicanalíticas e Esboços Inéditos (1886-1889).* (Vol. I). Imago. (Publicado originalmente em 1895).

Gadesaude, S. (2019). Enveloppe et représentations [Envelope e representações]. In E. Pireyre (Ed.), *Autisme, corps et psychomotricité* (pp. 205-208). Dunod. https://doi.org/10.3917/dunod.pirey. 2019.01 .01.0205

Gatecel, A. (2009). *Psychosomatique relationnelle et psychomotricité* [Psicossomática relacional e psicomotricidade]. Heures de France.

Gatecel, A., & Giromini, F. (2019). La formation des psychomotriciens dans le cadre universitaire [A formação do psicomotricista no meio universitário]. In C. Potel (Ed.), *Être psychomotricien: un métier du présent, un métier d'avenir* (édition augmentée, pp.471-481). Érès.

Gauthier, J.-M. (2006). Pour une théorie du corps relationnel [Para uma teoria do corpo relacional]. *Psychiatrie Française, 37*(1), 105-114. https://www.ascodocpsy.org/

Giromini, F. (2014). *Giselle Soubiran: Des fondements à la recherche en psychomotricité* [Giselle Soubiran: Dos fundamentos à investigação em psicomotricidade]. De Boeck-Solal.

Giromini, F. (2015). Le corps et ses representations [O corpo e as suas representações]. In P. Scialom, F. Giromini, & J.-M. Albaret (Eds.), *Manuel d'enseignement de psychomotricité: Concepts fondamentaux* (Vol. 1, pp.201-246). De Boeck-Solal.

Giromini, F., & Coutolleau, M. (2015). Histoire de la psychomotricité et actualité de ses concepts [História da psicomotricidade e actualidade dos seus conceitos]. In E. Pireyre (Ed.), *Cas pratiques en psychomotricité* (pp.270-307). Dunod.

Giromini, F. (2018). Préface [Prefácio]. In E. Pireyre (Ed.), *19 situations cliniques en psychomotricité* (pp. 3-4). Dunod.

Grabot, D. (2019). Deux cents ans d'histoire [Duzentos anos de história]. In C. Potel (Ed.), *Être psychomotricien: un métier du présent, un métier d'avenir* (nouvelle édition augmentée, pp. 25-48). Érès.

Hermant, G. (2008). La psychomotricité dans le monde. Origines, évolutions, actualités et perspectives [A psicomotricidade no mundo. Origens, evoluções, atualidades e perspetivas]. *Contraste, 1-2* (28-29), 27-40. https://doi.org/10.3917/cont.028.0027

Houzel, D. (2010). *Le concept d'enveloppe psychique* [O conceito de envelope psíquico] (2ᵉ édition actualisée et augmentée). Éditions in Press.

Husserl, E. (2008). *A ideia de fenomenologia* (2ª ed., A. Morao, Trad.). Edições 70. (Publicado originalmente em 1907).

Jolivet, B. (1970). De la relation en psychomotricité [Da relação em psicomotricidade]. *Perspectives Psychiatriques*, 29, 37-40. https://bsf.spp. asso.fr/index.php?lvl=notice_display&id= 29012

Joly, F., & Labes, G. (2009a). *Julian de Ajuriaguerra et la naissance de la psychomotricité* [Julian de Ajuriaguerra e o nascimento da psicomotricidade] (Vol. 1). Du Papyrus.

Joly, F., & Labes, G. (2009b). *Julian de Ajuriaguerra et la naissance de la psychomotricité* [Julian de Ajuriaguerra e o nascimento da psicomotricidade] (Vol. 2). Du Papyrus.

Joly, F., & Labes, G. (2010). *Julian de Ajuriaguerra et la naissance de la psychomotricité* [Julian de Ajuriaguerra e o nascimento da psicomotricidade] (Vol. 3). Du Papyrus.

Joly, F. (2010). Psychomotricité: une motricité ludique en relation [Psicomotricidade: uma motricidade lúdica em relação]. Em C. Potel (Ed.), *Psychomotricité: entre théorie et pratique* (3ᵉ éd., pp.23-41). Éditions in Press.

Joly, F. (2014a). TIC, TAC, TOC, TED et THADA: La fonction et le fonctionnement [TIC…: A função e o funcionamento]. In J. Boutinaud, F. Joly, O. Moyano, & M. Rodriguez (Eds.), *Où en est la psychomotricité? État des lieux et perspectives* (pp.45-72). Éditions in Press.

Joly, F. (2014b). Psychomotricité et médiations corporelles thérapeutiques [Psicomotricidade e mediações corporais terapêuticas]. In J. Boutinaud, F. Joly, O. Moyano, & M. Rodriguez (Eds.), *Où en est la psychomotricité? État des lieux et perspectives* (pp.219-237). Éditions in Press.

Joly, F. (2015). Le travaille de jouer et ses déclinaisons [A função de jogar e suas declinações]. In F. Joly (Ed.), *Jouer… Le jeu dans le développement, la pathologie et la thérapeutique* (pp.9-17). Éditions in Press.

Joly, F. (2016a). Entre neurosciences, psychopathologie du développement et psychanalyse: Le carrefour psychomoteur [Entre neurociência, psicopatologia do desenvolvimento e psicanálise: O cruzamento psicomotor]. In N. Girardier (Ed.), *La psychomotricité entre psychanalyse et neurosciences* (pp. 39-78). Éditions in Press.

Joly, F. (2016b). Corps et narcissisme [Corpo e narcissismo]. In F. Joly (Ed.), *Corps et narcissisme* (pp. 13-65). Éditions in Press.

Joly, F. (2016c). *L'enfant autiste et son corps* [A criança autista e o seu corpo]. Éditions in Press.

Joly, F., & Rodriguez, M. (2018). *Corps et psychopathologie* [Corpo e psicopatologia]. Éditions in Press.

Konicheckis, A., & Korff-Sausse S. (2015). *Le mouvement: entre psychopathologie et créativité* [O movimento: entre psicopatologia e criatividade]. Éditions in Press.

Lapierre, A., & Aucouturier, B. (1975). *La symbolique du mouvement: Psychomotricité et education* [O simbolismo do movimento: Psicomotricidade e educação]. Epi.

Le Boulch, J. (1966). *L'éducation par le mouvement: La psycho-cinétique à l'âge scolaire* [Educação pelo movimento: A psicocinétina na idade escolar]. Les Editions Sociales Françaises.

Le Camus, J. (1984). *Pratiques psychomotrices: De la R.P.M. aux thérapies à médiation corporelle* [Práticas psicomotoras: Da RPM às terapias de mediação corporal]. Pierre Mardaga

Lesage, B. (2012). *Jalons pour une pratique psychocorporelle* [Indicações para uma prática psicocorporal]. Érès.

Li, Y., Kwan, M., & Cairney, J. (2019). Motor coordination problems and psychological distress in young adults [Problemas da coordenação motora e stresse psicológico em jovens adultos]. *Research in Developmental Disabilities*, *84*,112-121. https://doi.org/ 10.1016/j.ridd.2018.04.023

Liotard, D. (2010). Réflexions actuelles sur la spécificité du soin psychomoteur [Reflexões atuais sobre a especificidade do cuidado psicomotor]. In C. Potel (Ed.), *Psychomotricité: Entre théorie et pratique* (3e éd., pp. 51-63). Éditions in Press.

Lopes, R. (2013). A concepção de corpo próprio em Merleau-Ponty. In I. Caminha & M. Silva, *Percepção, corpo e subjetividade* (pp. 123-134). LiberArs.

Marinopoulos, S. (2007). *Le corps bavard* [O corpo que fala]. Fayard.

Mendes, N., & Fonseca, V. (1982). *Escola. Escola quem és tu? Perspectivas psicomotoras do desenvolvimento humano* (3ª ed.). Editorial Notícias.

Merleau-Ponty, M. (1999). *Fenomenologia da percepção* (C. Moura Trad., 2ª ed.). Martins Fontes. (Publicado originalmente em 1945)

Morin, E. (2005). *Ciência com consciência* (8ª ed., M. Alexandre e M. Dória, Trad.). Bertrand Brasil. (Publicado originalmente em em 1990).

Morin, E. (2015). *Introdução ao Pensamento Complexo* (5ª ed., E. Lisboa, Trad.). Meridional/Sulina. (Publicado originalmente em 2005).

Moyano, O. (1994). La relation psychomotrice, une autre idée du transfert [A relação psicomotora, uma outra ideia de transferência]. *L'Information Psychiatrique*, 8, 686-693. https://www.researchgate.net/publication/ 327836405

Piaget, J. (2007). *Epistemologia genética* (3ª ed., A. Cabral Trad.). Martins Fontes. (Publicado originalmente em 1950).

Pick, L., & Vayer, P. (1976). *Education psycho-motrice et arriération mentale* [Educação psico-motora e atraso mental]. Doin.

Potel, C. (2010a). Introduction [Introdução]. In C. Potel (Ed.), *Psychomotricité: Entre théorie et pratique* (3ᵉ éd., pp.123-148). Éditions in Press.

Potel, C. (2010b). Le toucher: du corps touché aux jeux de l'imaginaire [O tocar: do corpo tocado ao jogo do imaginário]. In C. Potel (Ed.), *Psychomotricité: Entre théorie et pratique* (3ᵉ éd., pp.123-148). Éditions in Press.

Potel, C. (2015). *Du contre-transfert corporel: Une clinique psychothérapique du corps* [Da contratransferência corporal: Uma clínica psicoterapêutica do corpo]. Érès.

Potel, C. (2019). *Être psychomotricien: Un métier du présent, un métier d'avenir* [Ser psicomotricista: Uma profissão do presente, uma profissão do futuro] (Nouvelle édition augmentée). Érès.

Ricoeur, P. (1998). *O conflito das interpretações. Ensaios de Hermenêutica.* (M.F. Sá Correia Trad.) Rés. (Publicado originalmente em 1969).

Rivière, J. (2010). L'évaluation des soins en psychomotricité: La thérapie psychomotrice fondée sur les preuves versus la psychomotricité relationnelle [Avaliação dos cuidados em psicomotricidade: A terapia psicomotora fundada sobre as evidências *versus* a psicomotricidade relacional]. *Annales Médico-Psychologiques, 168*(2), 114-119. https://doi.org/10.1016/j.amp. 2007.12.021

Robert-Ouvray, S. (2007). *Intégration motrice et développement psychique.* [Integração motora e desenvolvimento psíquico] (2ᵉ éd.). Desclée de Brouwer.

Rodriguez, M. (2012). De la place du corps dans les thérapeutiques psychomotrices [O papel do corpo nas terapêuticas psicomotoras]. *Le Journal des Psychologues, 298*(5), 22-25. https://doi.org/10.3917/ jdp. 298.0022

Sami-Ali (2010). *Corps réel corps imaginaire* [Corpo real e corpo imaginário] (4ᵉ éd.). Dunod.

Scialiom, P., Giromini, F., & Albaret, J.-M. (2015). *Manuel d´enseignement de psychomotricité* [Manual de ensino da psicomotricidade] (Tome 1). De Boeck Supérieur.

Spitz, R. (1945). Hospitalism [Hospitalismo]. *The Psychoanalytic Study of the Child, 1*(1), 53-74. https:// doi.org/10.1080/00797308. 1945. 11823126

Vachez-Gatecel, A., & Valentin-Lefranc, A. (2019). *Le grand livre des pratiques psychomotrices* [O grande livro das práticas psicomotoras]. Dunod.

Veeser, A. (2015). Contenance en psychomotricité [Contenção em psicomotricidade]. In E. Pireyre (Ed.), *Cas pratiques en psychomotricité* (pp.136-152). Dunod.

Wallon, H. (1970). *De l'acte à la pensée* [Do acto ao pensamento]. Flammarion.

O CUIDADO NA PRÁTICA PSICOMOTORA
Aspectos do amadurecimento corporal humano

Gabriela Almeida & Tiago Estêvão

A questão ética na psicomotricidade

A psicomotricidade[1], como campo de conhecimento transdisciplinar e método de tratamento para as vicissitudes do corpo em estreita ligação à mente (psique), é recente em Portugal e carece de um estatuto próprio e identificativo. Uma maior protusão, definição e estabelecimento da conduta do psicomotricista poderá levar, porventura, a um maior reconhecimento, estatuto e identidade. Como tal, existe do nosso ponto de vista uma necessidade de reforçar estas dimensões anteriormente referidas e pretendemos apresentar uma proposta que conceptualiza uma *ética para a psicomotricidade*.

---

[1] Consideramos "psicomotricidade" como área disciplinar, por sua vez, diferente da práxis que lhe advém (como prática psicomotora).

Iremos tomar como ponto de partida a ética do psicanalista para compreender a ética que queremos elaborar para o psicomotricista. Damos destaques à psicanálise devido à íntima participação de autores desta área, em particular na construção epistemológica da psicomotricidade, como foi o caso de Freud (e também Winnicott, como iremos argumentar posteriormente). Outras contribuições incluem autores e teorias que contribuíram para a ética das práticas psicomotoras (Quang, 2019).

Como já o dissemos: é do nosso entender que poderá existir uma certa exiguidade nesse domínio[2] – uma fundamentação de conduta e estatuto mais independente na psicomotricidade – pelo que estamos a tomar como ponto de partida uma outra disciplina (a psicanálise) que lida, também ela, com a questão psique-soma (ou psicossomática, se quisermos), embora num outro raio de intervenção e contexto. Há sempre uma origem ou um ponto de partida para a ramificação do conhecimento e é dessa forma que a ciência nasce a partir da filosofia e a psicanálise da medicina, etc.

Todas as profissões, em especial aquelas que se baseiam na relação humana e no exercício de cuidados de saúde, necessitam de um referencial definido que sustente a sua práxis – uma postura acima de tudo ética e deontológica. Retiramos do tripé a moral, por existir um certo perigo de contaminação do trabalho clínico-terapêutico.

O que é, então, a ética? A ética é a teoria que diz como se deve agir (Loparic, 2013). E o que é o agir[3]? Para Loparic (2013) o agir é concebido como um fazer, ou seja, como uma actividade que tem como propósito produzir efeitos no mundo físico

---

[2] Empregamos a palavra exiguidade apenas no sentido em que psicomotricidade é ainda uma área que necessita de maturação ao nível do seu desenvolvimento e conhecimento.

[3] Este "agir" não é empregue aqui no sentido psicanalítico clássico do termo.

através de operações governadas por leis da natureza, denominadas, por essa razão, de leis teórico-práticas. Assim, pretende-se que, com o estabelecimento de uma ética, se desenhe e se constitua uma arquitectura profissional de dever (e responsabilidade) para com *um outro que necessita de um cuidado* (de ser cuidado) que, na psicomotricidade, é de uma natureza particular: o corpo (soma) em ligação à psique. Desta forma, é nossa intenção cartografar directrizes gerais de uma lei teórico-prática, pelo menos, ou no mínimo, partindo de um ponto de vista compreensivo.

Se por um lado, o psicanalista tem como base a psicanálise que, por sua vez, estuda ou tem como objecto de estudo o inconsciente e a consequente compreensão do sujeito à luz desse teatro implícito – o estudo do conteúdo latente – então, o psicomotricista, do nosso ponto de vista, em vez de partir do dentro para fora (do mental para o relacional) partirá quiçá do fora para o dentro (do corporal para o mental), da expressão para a impressão.Nestes termos, o objecto (de estudo e intervenção) é a *expressão corporal sofrida (mediada) – o sofrimento psicomotor* – o estudo da relação do sujeito com o seu próprio corpo: *a posição da subjectividade face ao lugar (físico-material e também mental-representacional) do corpo*[4]. Mas também, paralelamente, promover a relação do sujeito com o corpo do outro e sua relação com os objectos.

Em psicanálise fala-se, amplamente, do funcionamento mental e relacional, pelo que na prática psicomotora colocamos como hipótese que esse se enquadre no binómio corpo-mente:

---

[4] Chamamos, desde já, a atenção para o facto que para ser criada uma representação mental do corpo na psique ou na mente ("mente" no sentido não winnicottiano do termo) do sujeito muito tem de acontecer e suceder no intricado processo de amadurecimento humano (Dias, 2012). O psicomotricista deve estar preparado para lidar com o facto que o corpo poderá não estar representado na mente do sujeito, dando lugar a uma penosa e regressiva desintegração psicossomática, mais comum nos cenários da psicose.

o funcionamento corporal e mental. E acrescentamos também o seguinte: apesar da palavra "relação" não estar presente no binómio que definimos para o objecto da psicomotricidade, ela encontra-se efectivamente presente, pois é pela e em relação com o outro que os dois funcionamentos se podem instaurar. Voltaremos a este assunto com maior pormenor posteriormente.

Assim partimos também de outra contrapartida: a compreensão das "éticas" do psicanalista para o possível estabelecimento de uma possível ética do psicomotricista. Em psicanálise, tomando como base as teorizações de Loparic (2013) sobre o estabelecimento e diferenciação de uma ética do cuidado face a uma ética da lei.

A ética da lei, subjacente à psicanálise clássica freudiana, tem como principal referência o empirismo de Kant, onde este é o representante paradigmático da lei (Loparic, 2013). O imperativo categórico emerge como uma herança do Complexo de Édipo (Freud, 1923). O fundamento desta ética da lei é o desenvolvimento psicossexual onde, segundo Loparic (2013), *"A lei, imposta inicialmente pela coerção externa (repressão) exercida pelo pai, é introjectada, internalizada e aparece doravante como princípio de coerção interna, exercida por uma instância do aparelho psíquico, o superego (...)"*. Para mais, de acordo com Loparic (2013), *"...a génese da moral dá-se pela repressão da vida instintiva"*.

Portanto, na nossa visão, esta ética da lei conceptualizada por Loparic (2013) não se coaduna com a prática psicomotora, visto que carece de uma dimensão relacional viva (e corporal) que permita a facilitação da dialéctica de contacto corpóreo essencial para o psicomotricista. Como será apresentado de seguida, há uma outra ética a ter em devida consideração.

Por outro lado, a *ética do cuidado* aparece intimamente intricada com a psicanálise winnicottiana pois, para Loparic (2013), o processo de desenvolvimento humano (como o desenvolvimento moral) não é baseado na repressão do desejo sexual nem tampouco da sua sublimação (teoria freudiana), mas no *cuidado ambiental para com as necessidades que decorrem do ser humano que tem uma predisposição para o amadurecimento* (Dias, 2012), de um potencial herdado (Winnicott, 1960a) que, por sua vez, é desvendado e facilitado pela implementação de um ambiente que só a mãe suficientemente boa é capaz de providenciar (Winnicott, 1962).

Porquê então a teoria de Winnicott para uma ética do psicomotricista? Para Loparic (2000), a *presença* de um ser humano para o outro é essencialmente uma presença corpórea (...) todos os modos de estar *em contacto* são, essencialmente, psicossomáticos. Para Greenberg e Mitchell (1983) o interesse temático central, em Winnicott, apresenta-se nesta complexa *dialéctica entre contacto e aproximação*. Há uma essência de positividade (de presença) do objecto ao passo que, na psicanálise freudiana e pós-freudiana a enfâse é colocada na ausência do objecto, numa negatividade tal como Amaral Dias (1999) a conceptualiza.

Para Loparic (2013) *o ser humano é um ser vivo que tem-que-ser*, no sentido heideggeriano de "*ter-que-ser*" (*das Zu-sein*) e isso tem inerente a si um sentido ontológico e um sentido ôntico. Não há aqui, nestes termos, um *dever ser* (Kant), ou seja, uma precessão da lei. A primazia é da ordem do *ser*, em permitir o que Winnicott (1962) considera ser o *going-on-being* ou *continuity-of-being* — condição essencial para o amadurecimento ocorrer.

A questão que nós colocamos agora é a seguinte: o ser humano para *ser*, como ser vivo, relacional e interactivo tem inerente a si uma dinâmica fundamental. Esta dinâmica reside no facto de possuir uma mobilidade, uma força motriz real, objectiva, que lhe permite exercer a sua ontologia, o seu ser, activamente no mundo[5]. A criança usa o seu corpo – mediada pelo objecto – para se conhecer a si e conhecer o mundo (Ajuriaguerra, 1969) (só depois de ter o corpo conhecido e consciencializado é que é possível investir e sair para o mundo). O ser humano apresenta uma curiosidade inata que o levou a traçar os seus destinos civilizacionais: explorar para conhecer (e também conquistar), para manipular e exercer uma acção sobre o mundo que o rodeia, bem como para se reproduzir e perpetuar a espécie.

Por sua vez, esta manipulação vai desde a mais elementar, como por exemplo, a procura de um seio que lhe é proporcionado para suster a sua necessidade (fome e contacto[6]) a uma mais evoluída como o jogo (simbólico) – *Fort-Da* (Freud, 1920). A mãe, nomeadamente a mãe suficientemente boa (Winnicott, 1962), ao exercer este papel age como ambiente – *cuida no sentido de cuidado* – e permite que a omnipotência e a ilusão (Winnicott, 1945a, 1945b, 1960a), inerentes à fase da dependência absoluta (Winnicott, 1960a; 1963a), levem à constituição do objecto subjectivo (Belo, 2016, Winnicott,1960a, 1969a). Não é difícil perceber que a partir deste gesto o bebé, como ser em devir, vai sendo facilitado e tal permite que este amadureça (Dias, 2012). Esta mãe que sustenta (Winnicott, 1962) é o ambiente, ou seja, o agente do

---

[5] Um bebé tem uma motricidade reflexa e só com uma contínua integração desta atinge movimentos corticalmente planeados – é aí que é atingida uma psicomotricidade propriamente dita. No nosso entender, a motricidade é uma manifestação e a psicomotricidade é a expressão da comunicação.

[6] Repare-se que a nossa abordagem é de índole relacional e não meramente instintivo-biológica (diga-se pulsional), pois não chega a satisfação da necessidade (da pulsão, em termos clássicos), visto que, essa tem de ser acompanhada por um contacto relacional. É precisamente isso que levou à maior inversão paradigmática até hoje perpetuada na psicanálise por Fairbairn (1941/1951): a pulsão não procura meramente a satisfação, mas sim o objecto que é capaz de dispensar esta (*object-seeking*). E nós acrescentamos: o objecto que é capaz de dispensar o cuidado (Loparic, 2013) ou ser ambiente (Winnicott, 1962).

provisionamento ambiental. Homologamente, o psicomotricista sendo um agente que deve estar apto à circunstância corporal do outro, pode ser visto como uma entidade ambiental que cuida e trabalha a favor do aprovisionamento do paciente. Nesta óptica de ideias, argumentamos o lugar do psicomotricista que cuida como ambiente.

É neste sentido que, para Loparic (2013), cuidado é, em primeiro lugar, *o nome (ou conceptualização ética) winnicottiano para o factor essencial da formação da existência psicossomática* e da posterior socialização dos indivíduos humanos (em termos mais latos, a provisão ambiental em si). Em segundo lugar, o cuidado é (também) o *nome para a responsabilidade de cada indivíduo existente de cuidar dos seus ambientes e dos seus cuidadores.*

O *cuidado* nesta perspectiva tem então sempre como base o cuidado materno primordial, ou seja, para Loparic (2013), os cuidados dispensados aos indivíduos humanos pelos pais, família, grupos sociais e sociedade como um todo são uma continuação do cuidado que é dispensado pela mãe suficientemente boa (Winnicott, 1962).

Falemos então agora de um cenário mais concreto: o terapeuta como ambiente. Foi com Winnicott que a dimensão do *manejo* (termo português brasileiro) ou do manuseamento – *handling* (Winnicott, 1962) – surge como alternativa ao tratamento psicanalítico clássico que tinha como base a interpretação (fundamentalmente do desejo recalcado) e que, por consequência, excluía as psicoses (devido à sua dimensão acentuadamente regressiva). Desta forma, com Winnicott e a emergência do analista como ambiente (e não como representante do ambiente [Estêvão, 2021]), através do *handling*, a psicose e as perturbações não neuróticas (com maior grau de regressividade) entram no campo de tratamento analítico através de uma *análise modificada* (Belo & Estêvão, 2020) que tem como base o acima mencionado manuseamento (manejo – *handling*).

Para Loparic (2013), esta dimensão do cuidado e do manuseamento na clínica psicanalítica tem inerente a si uma possibilidade, como procedimento, de regressão à dependência. Cuidar implica ser cuidadoso (Belo, 2017), cuidar implica o outro e permitir que este regrida e se deixe cuidar – e para isso é fundamental a confiabilidade (Winnicott, 1960a).

Desta forma, oficializemos a nossa proposta: o psicomotricista não é um agente do *cuidado* também? Dado o compromisso (relacional) que é estabelecido – o sujeito (paciente) coloca o seu corpo à disposição para ser cuidado – o psicomotricista surge como um agente de ligação (*liaison*) entre a psique e o soma, visto que, empresta o seu referencial tónico-emocional (saudável) como *base ambiental corporal* para cuidar do seu paciente e trabalhar, por essa razão, a favor da integração da psique no soma (Winnicott, 1949) – portanto, da personalização (Winnicott, 1962).

É nestes termos que consideramos que a ética do psicomotricista é uma ética do cuidado que tem subjacente a si o manuseamento (*handling*) do seu paciente que, por sua vez, trabalha a favor da integração da psique no soma (Winnicott, 1949) e, consequentemente, da integração psicossomática – sendo isso a *raison d'être* do impasse patológico fundamental que potenciou o encontro do psicomotricista e do seu paciente. Este deverá colocar-se como ambiente e praticar um papel de cuidador (exercendo um cuidado, na acepção do termo que aqui fundamentámos). Passemos então a explicar melhor esta questão no amadurecimento (Dias, 2012) humano.

Contextualização do processo de amadurecimento em contexto psicomotor

I

Martins (2015) toma como princípio fundamental que o bebé tem as suas funções motoras e psíquicas indiferenciadas e, na sua imaturidade, *"reage tonicamente através de respostas tensão-*

distensão" (p.36). Estas respostas, por sua vez, assumem um carácter pré-representacional mediante o domínio sincrónico e referem a presença de uma angústia psicocorporal onde o desprazer se encontra ligado a um estado de tensão, inerente a um sofrimento psíquico. É através da interacção com a mãe que se vai dissipar esta angústia. Assim, a mãe vai levar o bebé a um estado de distensão pela sua capacidade de pensar nos diferentes níveis de necessidades.

Martins (2015) parece demonstrar um plano para o desenvolvimento com base na existência de um princípio de prazer-desprazer (Freud, 1911) e associa esses dois estados à dialéctica tensão-distensão. Para mais, Martins (2015) considera a tensão como uma força dirigida a uma finalidade, uma tensão que a mãe interpreta como necessidade e à qual tem de responder. Portanto, mais uma vez, a tensão parece surgir aqui aliada a uma pulsão (Freud, 1915) que tem uma meta que é a satisfação. Por consequência, na argumentação de Martins (2015), a mãe parece surgir como um agente que é um objecto da pulsão, ou seja, como um meio para atingir um fim (satisfação-prazer-distensão) e não propriamente como um fim em si mesmo. Por consequência, apesar de falar no importante e crucial "papel da interacção com a mãe", esta aparece, a nosso ver, epistemologicamente apagada e a tensão-pulsão toma a primazia desta perspectiva da ontogénese de Martins (2015).

Nós gostaríamos de abordar este assunto de forma diferente considerando a mãe como um agente facilitador e como um ambiente (Winnicott, 1962). Winnicott (1988) apresenta uma posição relativamente clara à noção de ambiente, pois para o bebé amadurecer (Dias, 2012) ou crescer como ser humano é necessário que exista um ambiente facilitador assente não apenas numa mera biologia, mas também com uma *qualidade especificamente humana* (Winnicott, 1988). Portanto, através desta visão estamos a hipotetizar que a implementação auto-regulatória inerente ao binómio tensão-distensão argumentado por Martins (2015) pode ser abordada de forma distinta, pelo que o processo de amadurecimento humano terá outras vicissitudes. Tal como Winnicott (1988) refere, é necessário ir para além de uma visão dos instintos (ou seja, de forças, expectativas inatas ou intencionalidades mais ou menos implícitas). No contexto da psicomotricidade tentaremos analisar, da mesma forma, a fenomenologia para além de uma visão do imperativo tónico, ou seja, como um estado de tensão activa (Martins, 2015).

II

Para nós é essencial pensar na noção de ambiente facilitador onde o seu agente mais nuclear e fulcral é a mãe. É o papel da mãe actuar como ambiente e promover a ilusão (Winnicott, 1945a, 1945b, 1960a) ou seja, garantir através da sua preocupação materna primária (Winnicott, 1956) que a necessidade é atendida com a maior harmonia e adaptação possível (adaptação essa que é sempre adaptada às necessidades do bebé[7]). Através de tal movimento, a ilusão é garantida e o bebé tem ele próprio a noção primordial que é ele o criador (e não a mãe), ou seja, o seio aparece no momento que a necessidade se desperta porque a adaptação da mãe é absoluta, sendo isso uma característica fundamental da fase de dependência absoluta (Winnicott, 1960a).

Portanto, para nós o estado de tensão postulado por Martins (2015) é, de facto, um paralelo ao estado de desintegração (Winnicott, 1962) experienciado pelo bebé, pois a sua condição

---

[7] Repare-se que ser ambiente implica, obrigatoriamente, a adaptação e moldagem às necessidades individuais do bebé e não o contrário. Neste último cenário – a adaptação forçada do bebé devido à desconfiguração ambiental – emerge um falso self (Winnicott, 1960b) como um acontecimento que leva a uma distorção egóica, abafando, por consequência, o verdadeiro self e o gesto espontâneo da criança.

inicial é uma de não-integração (Winnicott, 1962). Na nossa visão, a angústia é a angústia impensável (*unthinkable anxiety*) (Winnicott, 1962) e não uma angústia psicocorporal (Martins, 2015; Robert-Ouvray, 2017), pois só é possível falar de angústia psicocorporal (refere-se a uma interacção entre psique e soma; e angústia corporal não é o mesmo que uma angústia "psico" corporal) quando há uma integração da psique no soma (Winnicott, 1949). Essa é uma tarefa a cumprir, como já referimos chamada de personalização (Winnicott, 1962) que, por sua vez, é contemporânea da integração (Winnicott, 1962), ambas consequências fundamentais do ambiente facilitador inicial. A angústia impensável é uma agonia sem qualquer localização e sem qualquer temporalização, é atemporal e dispersa (sem lugar) – não é psicocorporal, mas sim algo meramente impensável num corpo que ainda não é um corpo (o corpo só é corpo, para o próprio, quando está esquematizado [Loparic, 2000] na psique e para isso tem de ser, necessariamente, personalizado).

Com esta argumentação queremos transmitir, novamente, a noção que não se trata de criar um sistema de auto-regulação entre tensão e distensão. Este desenvolvimento autorregulatório é algo inerente àquilo que Winnicott (1963b) classifica de mãe-objecto que, por sua vez, é precedida por uma mãe-ambiente (1963b). Portanto, veja-se que há importantes acontecimentos e tarefas que precedem o uso do objecto (Winnicott, 1969b) inerente à mãe-objecto, pois o objecto subjectivo (Belo, 2016; Winnicott, 1960a,1969a) é necessário ser criado para ser possível aceder à dimensão do objecto (e do seu uso e manipulação) e isso só é garantido pela presença de uma mãe-ambiente: uma mãe que é o ambiente, numa completa adaptação em que são dispensados cuidados maternos suficientemente bons (Winnicott, 1962).

Para Loparic (2000) o homem não é movido pelas forças instintivas, mas pela sua essência de acontecer ("*acontecencial*") –

o homem acontece porque tem-que-acontecer, no âmbito do que Winnicott (1962) afirma ser o *going-on-being* ou *continuity-of-being*. Esse acontecimento humano é estruturado, segundo Loparic (2000), por um *trabalho da psique sobre o corpo* – há, por essa razão, uma necessidade de operação das *elaborações imaginativas das funções corporais*. Quando se pensa em psicomotricidade há dois elementos que sobressaem: uma motricidade que advém ou é remetida, necessariamente, para um corpo[8] ou um soma (Winnicott, 1949) e uma psique (Winnicott, 1949) que trabalha em conjunto com o anterior e que, de acordo com Winnicott (1949), tem de ser alojada nele. Há uma motricidade que é agregada a um psiquismo, a um funcionamento psíquico e, por essa razão, consideramos que o que se encontra aqui em questão é a interacção entre estes dois domínios num processo de amadurecimento (Dias, 2012) inerentes a uma natureza que é, inevitavelmente, humana (Winnicott, 1988). Só o animal humano (Loparic, 2000) é capaz de ser dotado de uma psicomotricidade.

Para nós, esta é uma (senão a principal) noção de trabalho para o psicomotricista – a ideia de um processo de alocação da psique num soma que, por sua vez, é classificada de personalização (Winnicott, 1962). O psicomotricista é um agente *prínceps* de personalização activa pelo corpo e dessa *forma actua como ambiente que manuseia (handling) o seu paciente (o corpo) trabalhando a favor da integração da psique no soma* (Winnicott, 1949) *e tal só acontece porque é guiado (ou deve ser) por uma ética do cuidado* (Loparic, 2013). Observemos agora, em maior detalhe, a questão ética de uma forma mais profunda.

---

[8] Corpo esse que é, na teoria de Winnicott (1949), o soma e que, por sua vez, não é um mero corpo físico (*body*) mas sim um corpo vivo (Loparic, 2000) ou pelo menos um corpo que se torna vivo devido à acção de um ambiente que dispensa um cuidado que é suficientemente bom (tal como já argumentámos).

O Cuidado na Prática Psicomotora

De forma a compreender, com maior detalhe, a essência do *cuidado* em contexto da prática psicomotora decidimos abordar o presente tópico colocando três questões:

1 – A questão corporal é obrigatoriamente regressiva?

De um ponto de vista do cuidado há regressão, pois é um trabalho que não assenta na interpretação (da neurose de transferência e no desbloqueio do desejo recalcado – técnica clássica psicanalítica), mas sim na adaptação absoluta das necessidades emergentes do sujeito. Por sua vez, o foco do trabalho do psicomotricista são, objectivamente, estas necessidades, especificamente, de uma *qualidade fundamentalmente corporal.*

Como referimos, a tarefa subjacente ao manuseamento (*handling*) é a personalização – a integração da psique no soma (Winnicott, 1949) – e, como tal, é uma que permite essa importante tarefa de solidificar e alojar a psique num soma. No entanto, ao início, o corpo é um corpo físico (*body*) e irá tornar-se, em condições ambientais favoráveis, num corpo vivo e esquematizado[9] (Loparic, 2000). O corpo torna-se, nessas circunstâncias, um soma cuja qualidade principal é o facto de estar colorido pela vitalidade psíquica (porque é elaborado imaginativamente – sendo isso uma tarefa primordial da psique e, simultaneamente, uma consequência da sua emergência).

Salientamos que é necessário também compreender que soma e corpo (*body*) não são a mesma grandeza ao nível do amadurecimento, visto que este último é externo à natureza humana (Loparic, 2000). A natureza humana é psicossomática e não psico-física (Loparic, 2000). Já a psique é um modo de operar a natureza humana e nasce como uma elaboração

---

[9] Delinear, emoldurar, traçar o esquema corporal – portanto, a nosso ver, um trabalho prévio à dita representação (que é algo mental e dentro dos domínios da interpretação).

imaginativa do funcionamento físico (Loparic, 2000). Portanto a psique remete para a elaboração imaginativa das partes somáticas, dos sentimentos e das funções, isto é, do estar-vivo fisicamente (*physical aliveness*) (Loparic, 2000).

Na nossa compreensão, não é possível a psique ser alojada num mero corpo físico. Paralelamente, a primeira tarefa da psique também é precisamente essa: a elaboração da função corpórea (Loparic, 2000). Há, para Loparic (2000), uma elaboração imaginativa que tem como objectivo *a doação de um sentido (sinngebung) aos movimentos do corpo*: o corpo torna-se vivo porque há uma interacção com a psique (que tem agora um lugar neste corpo) e, com isso, a consequente integração psicossomática. Por outras palavras, a prática psicomotora pelo psicomotricista promove a aproximação global à estrutura psíquica pela integração que favorece entre a dimensão somática e mental[10] (Vecchiato, 2003).

Ao criar um ambiente (que permite a sustentação e o manuseamento do corpo do paciente), o psicomotricista mergulha regressivamente de forma a permitir a progressão do seu paciente, ou seja, há identificação regressiva do psicomotricista ao corpo do seu paciente e uma identificação progressiva do paciente ao corpo do psicomotricista. Este movimento identificatório duplo assenta na capacidade do psicomotricista em se estabelecer como ambiente, ou seja, em formar uma unidade dois-em-um (Loparic, 1995) corporal, numa sincronicidade que estabelece um diálogo tónico-emocional que, por sua vez, permite a acção terapêutica do cuidado psicomotor. Adicionalmente, o psicomotricista, como agente de cuidado, transcende a biologia do corpo (físico) como agente de vitalidade corpórea do seu paciente – é um poeta do

---

[10] Mental aqui é um termo que equiparamos à psique de Winnicott (1949) e não ao seu conceito de mente (*mind*) – uma especialização da psique – que é algo diferente, no nosso entender, da dimensão mental de Vecchiato (2003).

corpo – pois, promove a expressividade corporal e a relação do paciente com o seu próprio corpo, cria harmonia psicossomática e desbloqueia o gesto espontâneo.

Para nós o corpo, quando necessita de ser personalizado, tem obrigatoriamente uma dimensão regressiva e é preciso criar (ser) ambiente para compenetrar nessa sua esfera particular. O corpo físico "pede" para ser personalizado, pois, para Loparic (2000), a necessidade de existir é também uma necessidade corpórea. É evidente que para ser ambiente é necessário exercer um cuidado que assente na confiabilidade (Winnicott, 1960a).

A prática psicomotora (de abordagem terapêutica) percorre as mesmas etapas do processo maturativo, diga-se do amadurecimento (Dias, 2012), pois, em primeiro, a etapa de regressão visa a aproximação a núcleos psicopatológicos (Vecchiato, 2003) – quebras da continuidade existencial ou do *going-on-being* (Winnicott, 1962). A etapa posterior visa, por consequência, a solidificação identitária e autónoma (Vecchiato, 2003) – há uma regressão como via de acesso à progressão – integração e personalização (Winnicott, 1962).

Portanto, o objectivo visa sempre a criação e a promoção da integridade psicossomática (ou o seu restauro, caso o paciente tenha sofrido um trauma que conduziu à quebra dessa mesma integridade). Esta regressividade – portanto, a entrega do paciente a um outro que é ambiente e que cuida – remete para um cuidado que só pode assentar num princípio de autenticidade (Belo, 2019) e, neste movimento, o psicomotricista tem de ser *ambiente*. Isto leva-nos à próxima questão.

2 – Quem é (ou o que é) o psicomotricista para o paciente?

Esta questão já vem, de certa forma, respondida anteriormente, mas é necessário conceptualizar esta nossa ideia do psicomotricista como ambiente em maior detalhe.

Só se torna possível personalizar e suprir a necessidade corpórea sendo ambiente. A integração anatómica (Loparic,

2000) que ocorre pelas elaborações imaginativas das funções corporais é agregada pelo agente do cuidado (psicomotricista) que ao suster (*holding*) (Winnicott, 1962) e manusear (*handling*) (Winnicott, 1962) o seu paciente, possibilita a ilusão (Winnicott, 1945a, 1945b, 1960a) – ou seja, a sensação do corpo emergente, novo e reintegrado, com novos movimentos e novas formas de expressão emocional é sentida como uma criação do próprio paciente. Por outras palavras, o neo-tónus emocional (que advém do cuidado psicomotor) permite uma maior expressividade e potencia o gesto espontâneo (antes bloqueado ou aniquilado). Como tal, dado o nível regressivo do fenómeno em questão – a unidade dois-em-um (Loparic, 1995) corporal – o psicomotricista está lá objectivamente, mas é um agente facilitador ao nível do objecto subjectivo[11] (Belo, 2016, Winnicott,1960a, 1969a), esquematizando (Loparic, 2000) o seu paciente.

Portanto, é imperativo perceber que o psicomotricista como ambiente não é um representante do ambiente (ou de um outro, alguém não-eu), é o ambiente-em-si-mesmo (Estêvão, 2021). Efectivamente a sua presença como terapeuta é objectiva (é uma pessoa separada), mas *o seu cuidado psicomotor não é objectivo mas sim uma agência de subjectivação corporal*. No ambiente não há dois, mas sim, como já o referimos, uma unidade dois-em-um (Loparic, 1995) corporal. A pessoa do psicomotricista é (tem de ser) indiferenciada do seu cuidado, no âmbito da sua profissão, a ética é a do cuidado – o psicomotricista é o cuidado (corporal) em si mesmo, o que equivale também a dizer que o terapeuta

---

[11] Termo usado por Winnicott (1962) para enfatizar, de acordo com Abram (1996), a experiência infantil subjectiva do objecto externo mãe/cuidador/outro e para distinguir entre relação de objecto (*object-relating*) e o estado primário de união. Concretamente: a mãe que é capaz de estar num estado de preocupação materna primária irá facilitar a ilusão de omnipotência do bebé e, nesta óptica, para o bebé, ela é o objecto subjectivo (Abram, 1996).

corporal e o cuidado psicomotor são da ordem do *ser*, ou seja, *um dasein*[12] *corpóreo*.

3 – O cuidado na prática psicomotora: quais as condições nas quais este ocorre?

O psicomotricista para ser ambiente e cuidar tem, ele próprio, de ter sido cuidado, ou seja, de ter vivido (e experienciado) um processo de amadurecimento estável e bem decorrido e/ou estabelecido. Não é possível cuidar sem esta condição existencial solidificada. Para mais é imperativo a capacidade de atinência/concernência – *concern* (Winnicott, 1963b). Como tal, isso só é passível num processo de amadurecimento favorável em que a mãe-ambiente e a mãe-objecto foram integradas numa mãe só (Winnicott, 1963b). Em palavras mais simples (embora, possível e hermenêuticamente esta palavra que a seguir utilizaremos não seja a mais precisa) o psicomotricista tem de se "preocupar" (*to be concerned*).

Adicionalmente, o psicomotricista tem de estar em relação com o seu próprio corpo (integrado psicossomaticamente) e cuidar do mesmo. Estando reunidas estas condições, o psicomotricista pode ser ambiente para o seu paciente e mergulhar regressivamente no diálogo tónico-emocional (doente, a necessitar de cuidado) do seu paciente. Aí, como já o referimos, é estabelecida a unidade-dois-em-um (Loparic, 1995) onde há um corpo (sanígeno) que emerge de uma mobilização psicossomática (Belo, 2017) que permite a mesclagem – o paciente tem e sente acesso a algo diferente e tem a noção que é ele o agente da sua cura/progresso, visto que o neo-tónus emocional (e o novo movimento e gesto) vem dele próprio. É

---

[12] *Dasein* – termo fundamental da filosofia existencial heidegerianna que significa, em termos simples, ser-no-mundo (*being there*, em inglês). É um termo nuclear que tem como fundamento marcar a existência especificamente humana (a ordem do *ser*). No contexto em que usamos este termo, estamos a descrever o psicomotricista como um "ente" que está para um outro: o psicomotricista é (no sentido de *ser*) corpo para o outro.

assim que o psicomotricista exerce o seu papel de ambiente favorecendo a ilusão (Winnicott, 1945a, 1945b, 1960a).

A autenticidade assim como a contratransferência têm de entrar neste ecossistema corporal. Segundo Belo (2019), ser cuidadoso com o outro implica necessariamente ser cuidadoso consigo próprio (o cuidado que o psicomotricista tem de ter para si e para o seu próprio corpo em particular, como já o assinalámos) e ser autêntico com o outro implica necessariamente ser autêntico consigo próprio. É assim que é possível atingir a ressonância tónico-emocional empática (Aucouturier, 2005).

O psicomotricista (assim como qualquer terapeuta) tem de ter a sua biografia incorporada numa história – diria Loparic (2001) que tem de existir um inconsciente reprimido. Só com esta dinâmica mental é possível exercer um cuidado e ser ambiente. Na conjectura de um inconsciente não acontecido (Loparic, 2001), o processo de amadurecimento está corrompido e não permite a mobilização psicossomática (Belo, 2017) que acima descrevemos, visto que há risco (ou presença efectiva) de desintegração psicossomática e, consequentemente, a despersonalização do sujeito. Se há fenómeno que não pode ocorrer no cuidado psicomotor é a despersonalização do psicomotricista. Ser ambiente é uma tarefa mental e corporalmente exigente assim como densa para o psiquismo – é imperativo um funcionamento corporal e mental harmónico. O mergulho regressivo do psicomotricista é um que é tonificado pelas suas próprias experiências corporais precoces – vividas com o seu ambiente corporal (e afectivo-emocional) – e, como tal, o acesso e comunicação inconsciente deste processo tem de ter subjacente a si uma experiência ambiental favorável. Por outras palavras, o psicomotricista foi alvo de cuidados maternos (Winnicott, 1960a) que só a mãe suficientemente boa (Winnicott, 1962) foi capaz de providenciar.

Para terminar esta questão, tudo o que aqui referimos são expressões do amadurecimento humano que são determinantes para o desenvolvimento psíquico. As teorias que apresentamos foram criadas e desenvolvidas com essa perspectiva do amanhecer psíquico e nós estamos apenas a acrescentar, dentro da mesma óptica, uma derivação paralela para um amadurecimento que tem também ele uma qualidade especificamente psicomotora (que é a que interessa ao psicomotricista em particular).

Fundamentos essenciais da práxis psicomotora

O desenvolvimento das práticas terapêuticas de mediação corporal pelo psicomotricista, através de uma abordagem corpo-mente, e as condições pelas quais o cuidado psicomotor deve ocorrer, conduzem-nos a refletir sobre obstáculos e dificuldades que podem ser encontrados em situações de cuidado psicomotor, bem como das necessidades da formação contínua de conhecimentos teóricos e de competências práxicas, com vista à melhor dispensa do referido cuidado.

O cuidado psicomotor assenta na mobilização ou potenciação de um ambiente que tem como propósito promover (ou instaurar) uma dialéctica de contacto e aproximação (Greenberg & Mitchell, 1983) suficientemente boa com vista ao progresso psicossomático (integração da psique no soma), com enfoque na questão psicomotora.

Para pensar na argumentação que apresentamos de seguida, levantamos algumas questões que nos auxiliaram à reflexão.

Que obstáculos e dificuldades encontra o psicomotricista na sua práxis? Lacunas no saber teórico? Resistência às práticas corporais, a envolver-se corporalmente? Por que esta resistência ocorre? Um corpo pouco ágil, pouco investido ou com limitações corporais? Um corpo não mobilizado psicossomaticamente? Resistência ao auto-questionamento e reflexão sobre o seu papel e lugar como psicomotricista? Como se estabelece uma identidade psicocorporal do psicomotricista? Um corpo doente, a precisar (também ele) de cuidados?

A formação do psicomotricista é uma formação inacabada, pelo que deve continuar ao longo da sua vida profissional (Vachez-Gatecel & Valentin-Lefranc, 2019). Demarchi (2011) considera que deve fazer parte da formação contínua e permanente do psicomotricista: a formação teórica, a formação por via corporal específica do psicomotricista, a prática técnico-profissional, a supervisão clínica e a psicoterapia de orientação psicanalítica.

Para Gatecel e Giromini (2010), a formação do psicomotricista deve assentar em saberes: saber-fazer, relacionado com as técnicas utilizadas na prática psicomotora, como relaxação terapêutica, toque terapêutico e envelopamentos, entre outras; e saber-ser, baseado numa ética geral do cuidado em psicomotricidade, em que o psicomotricista utiliza um *objecto singular*, o seu próprio corpo como mediador da relação com o outro, estando, em simultâneo, envolvido na relação com o outro e ser agente dessa relação. Este é um dos aspetos a ser trabalhado na prática formativa psicocorporal, como abordaremos posteriormente.

A prática psicomotora não se reduz a técnicas. Tão importante quanto o saber-fazer do psicomotricista conta também o seu saber-ser. O cuidado está ligado aos saberes; o saber-ser é o núcleo para se estabelecer o saber-fazer. Concomitantemente, tem de existir uma mobilização intelectual, uma curiosidade, entusiasmo e investimento nos domínios teórico-práticos, por sua vez, de carácter multidisciplinar. O psicomotricista deve adoptar um referencial teórico-prático epistemologicamente definido, que apoia a compreensão diagnóstica, o levantamento de hipóteses clínicas e a própria práxis.

O psicomotricista ao serviço da prática psicomotora de âmbito clínico-terapêutico deve ter uma formação (teórica e pessoal) que assente em princípios psicanalíticos, para aprofundar/fundamentar a sua práxis. Esta formação não pretende que o psicomotricista actue como um psicanalista (Demarchi, 2011) nem que perca a dimensão corporal fundamental da sua práxis, por privilegiar a palavra em vez do corpo. Como vimos, as tarefas de integração da psique no soma são razoavelmente distintas: personalização passiva pelo verbo/palavra (psicanalista) *versus* personalização activa pelo corpo (psicomotricista).

Para a prática psicomotora, o psicomotricista traz também as suas emoções, o seu sentir, que podem interferir nos cuidados e, portanto, deve analisar as suas próprias reacções, o seu sentir, o que daquele paciente se liga a si (dimensão contratransferencial).

É imperativo que a essência da relação, a genuinidade e autenticidade, o ser ambiente e estar mobilizado psicossomaticamente, se assumam no espaço terapêutico como forças oriundas de um encontro que leva à experiência e que quebre, portanto, o subterfúgio da repetição (patologia). O psicomotricista não é neutro nesta relação.

Entendamos relação não só como a relação externa com o paciente (porque se o psicomotricista for ambiente – e não um representante – há uma relação do ponto de vista do observador, mas não uma relação de objecto propriamente dita), mas também como a relação com os seus objectos internos (um objecto subjectivo vivo e estabelecido) que permita que o conhecimento de um determinado objecto (práxis) desvende também, por sua acção, conhecimento acerca do próprio (psicomotricista). Este é um dos motivos por que referimos que o psicomotricista e a sua prática são unos ou uma coisa só (não se distinguem). Ao compenetrar-se na sua práxis, o psicomotricista desvenda esta última, mas também desvenda uma parte de si que se liga ao cuidado dispensado ou prestado.

A relação e a práxis têm de ser pensadas, integradas, transpostas na forma de ambiente, que visam a promoção da integridade psicossomática, como referido anteriormente. Para se ser autêntico com o outro no cuidado, tem de se ser consigo próprio (Belo, 2019). Para dispensar um cuidado psicomotor o psicomotricista teve ele próprio que ter sido cuidado. A supervisão clínica é um espaço para esta reflexão (Mila, 2008). A supervisão clínica em prática psicomotora é necessária para uma compreensão significativa dos pensamentos, dos padrões relacionais e das reacções contratransferenciais. A supervisão procura clarificar sobre os aspetos conscientes e inconscientes da dinâmica do seguimento que marcam o curso da prática, permitindo compreender as questões transferenciais e contratransferenciais que pontuam a relação (Valentin-Lefranc & Lauras-Petit, 2019). É um espaço para desenvolver uma prática psicomotora reflexiva e suportada, e resguardar a própria saúde mental do psicomotricista (Mila, 2008; Demarchi, 2011). A supervisão é também um espaço para análise das práticas profissionais psicomotoras e para o psicomotricista testemunhar o seu comprometimento corporal e psíquico. A análise de situações clínicas encontradas na prática psicomotora, uma prática reflexiva, reflectir fazendo pontos com o conhecimento teórico, permite reforçar e legitimar as competências nas práticas dos saberes (Valentin-Lefranc & Lauras-Petit, 2019).

A psicoterapia de orientação psicanalítica pode auxiliar o natural curso de formação da profissão de psicomotricista. De orientação psicanalítica, porque o psicomotricista, como referimos anteriormente, lida com questões regressivas (corporais). Na nossa opinião, só a psicoterapia de orientação psicanalítica permite essa via de acesso.

Haverá corpo sem relação? Não há corpo sem relação. A relação, por meio da sua dimensão afectiva-relacional, é determinante no decorrer da prática psicomotora. Pensar o corpo e a sua relação é um trabalho que deve ser desenvolvido pelo psicomotricista por meio da relação e da mediação corporal. A mediação corporal leva ao questionamento (se há questionamento há uma dimensão subjectiva que sente um contraste com essa parte real) do corpo real, material, que ocupa um espaço e um tempo. E, fundamentalmente, ao conhecimento de como põe em jogo estes aspectos corporais do psicomotricista nas intervenções psicomotoras terapêuticas (Demarchi, 2011).

O envolvimento em práticas e vivências psicocorporais é crucial para o psicomotricista trabalhar e desenvolver a sua expressividade corporal como ferramenta de comunicação, para que o corpo se torne mediador terapêutico. Não somente as capacidades relacionais e expressivas, mas também a disponibilidade psicocorporal, a escuta corporal ao outro, e empatia cinestésica, a consciência corporal. Consciência corporal, para Gatecel e Giromini (2010), é implicar-se e envolver-se corporalmente, progredir na autoconsciência e disponibilidade corporal, envolver-se e situar-se na relação dual ou grupal. O envolvimento em práticas e vivências psicocorporais põe em cena uma mobilidade psíquica e corporal suficiente para "saber" (intuir) como cuidar e saber se o próprio psicomotricista está cuidado e investido corporalmente.

A receptividade ao corpo do outro não é apenas um aspecto de sintonia rítmica, é uma receptividade ao inconsciente que se manifesta no corpo e na sua acção. É ser receptivo à linguagem inconsciente do seu corpo e do paciente (Potel, 2011).

As práticas psicocorporais, mediadas pela consciencialização e verbalização, ajudam no conhecimento de si, ao nível do conhecimento do seu corpo (seus limites, o seu raio de acção), da sua própria história corporal individual que se expressa no e pelo corpo, de ansiedades e angústias corporais, da história que o corpo conta. É neste trabalho de elaboração pela verbalização e consciencialização, que reside um distanciamento entre o seu próprio corpo (percepções, sensações e afectos), e o saber-fazer com o seu corpo na relação terapêutica. Esse distanciamento é sentido em todo o trabalho de expressividade corporal vivenciado na formação corporal específica do psicomotricista. Da formação prática, também faz parte o vivenciar os limites da relação corpo a corpo. É neste ponto que se inscreve uma ética do corpo na psicomotricidade. A identidade psico-corporal do psicomotricista é gradualmente construída (Gatecel & Giromini, 2010), como ponto de apoio à prática psicomotora e à construção de uma identidade profissional. Com este trabalho de formação corporal, também se constrói o papel do psicomotricista, também se desenvolve um auto-questionar que permite reflectir sobre o seu papel e lugar como psicomotricista, numa relação, sobre a sua disponibilidade sintónica, sobre a sua capacidade de (cor)responder e adaptar tonicamente, sobre a sua implicação e disponibilidade corporal. Não se pode dar cuidado (psicomotor) se não houver uma identidade psicocorporal afirmada e se não se estiver corporalmente mobilizado.

O psicomotricista deve também envolver-se em actividades corporais (puramente motoras), como actividade física e exercício físico, para activação corporal e preparação física. Estas atividades servem para despertar o corpo, para ter aptidão física para poder atender pacientes de qualquer idade e qualquer patologia; para resistir várias horas por dia em pé, para estar sentado, deitado, respondendo às solicitações do paciente, mantendo o alerta corporal que a práxis implica.

Por isso o psicomotricista deve ter consciência de que o seu corpo é o instrumento privilegiado das práticas psicomotoras de mediação corporal. Um psicomotricista não pode oferecer cuidado psicomotor por uma abordagem corporal se estiver adoecido corporal e/ou psiquicamente.

O corpo é uma das condições pelas quais se estabelece o ambiente (que leva ao *handling*) e o acesso terapêutico. Se tal está perturbado, por determinada causa, há uma disrupção do ambiente e, como consequência, a tarefa *prínceps* de personalização tem maior possibilidade em falhar, em suceder.

Se o adoecer psíquico ocorrer, o psicomotricista deve estar munido do seu autoquestionamento para repensar a sua prática, recorrendo à supervisão clínica e à psicoterapia. Não obstante, a questão do envelhecimento corporal e o adoecer merece em si uma maior investigação pela complexidade inerente.

Referências bibliográficas

Abram, J. (1996) *The Language of Winnicott: A Dictionary of Winnicott's Use of Words* [A linguagem de Winnicott: Um dicionário de palavras usadas por Winnicott]. Karnac.

Ajuriaguerra, J. (1969). L'enfant et son corps [A criança e o seu corpo]. In F. Joly & G. Labes (Ed.) *Julian de Ajuriaguerra et la naissance de la psychomotricité* (Vol. 1, pp. 197-215). Du Papyrus.

Aucouturier, B. (2005). *La méthode Aucouturier: Fantasmes d'action et pratique psychomotrice* [O método Aucouturier: Fantasmas de ação e prática psicomotora]. De Boeck.

Belo, M. (2016). Alimentação e ética do cuidado: Uma visão winnicottiana. In M. Zart (Org). (2016). *A estética alimentar no desenvolvimento humano* (pp. 51-68). Triângulo.

Belo, M. (2017). Da psicanálise clássica à prática contemporânea: Sobre o uso do "brincar" e do "manejo" na clínica winnicottiana. In M. Belo (2020). *Estudos winnicottianos* (pp. 103-118). Coisas de Ler.

Belo, M. (2019). O problema da agressividade do analista no "manejo" da contratransferência e na evolução do processo terapêutico. In M. Belo (2020). *Estudos winnicottianos* (pp. 241-262). Coisas de Ler.

Belo, M. & Estêvão, T.F. (2020). Prelúdio a quatro mãos. In M. Belo (2020). *Estudos winnicottianos* (pp. 23-46). Coisas de Ler.

Demarchi, J. (2011). Sobrevivir a la Clínica. El Proceso de Supervisión. *Revista Iberoamericana de Psicomotricidad y Técnicas Corporales*, 36, 64-75.

Dias, C. A. (1999). *O Negativo ou o Retorno a Freud*. Fim de Século.

Dias, E. (2012). *A teoria do amadurecimento de D. W. Winnicott* (2ª ed.). DWW.

Estêvão, T. F. (2021). *Tonitruâncias psicanalíticas*. Coisas de Ler.

Fairbairn, R. (1941). A revised psychopathology of the psychoses and psychoneuroses [Uma revisão psicopatológica das psicoses e psiconeuroses]. In R., Fairbairn (1952/2009). *Psychoanalytic studies of the personality* (pp. 28-58). Routledge.

Fairbairn, R. (1951). A synopsis of the development of the author's views regarding the structure of the personality [Uma sinopse do desenvolvimento dos pontos de vista do autor sobre a estrutura da personalidade]. In R. Fairbairn (1952/2009). *Psychoanalytic studies of the personality* (pp. 162-180). Routledge.

Freud, S. (1911). Formulações sobre os dois princípios de funcionamento mental. In S. Freud (1969). *Obras psicológicas completas de Sigmund Freud* (Vol. XII, pp. 231-244). Imago.

Freud, S. (1915). Os instintos e suas vicissitudes. In S. Freud (1969). *Obras psicológicas completas de Sigmund Freud* (Vol. XIV, pp. 115-144). Imago.

Freud, S. (1920). Além do princípio de prazer. In S. Freud (1969). *Obras psicológicas completas de Sigmund Freud* (Vol. XVIII, pp. 11-76). Imago.

Freud, S. (1923). O ego e o id. In S. Freud (1969). *Obras psicológicas completas de Sigmund Freud* (Vol. XIX, pp. 13-80). Imago.

Gatecel, A. & Giromini, F. (2010). La formation des psychomotriciens dans un cadre universitaire [A formação dos psicomotricistas no meio universitário]. In C. Potel (Ed) *Être psychomotricien. Un métier du présent, un métier d'avenir* (pp. 435-444). Érès.

Gatecel, A., & Lefranc, A. (2019). La formation tout au long de la vie du psychomotricien [A formação do psicomotricista ao longo da vida]. In A. Gatecel & A. Lefranc (Eds.), *Le grand livre des pratiques psychomotrices* (pp. 519-524). Dunod.

Greenberg, J. R., & Mitchell, S. A. (1983). *Object relations in psychoanalytic theory* [Relações de objeto na teoria psicanalítica]. Cambridge.

Lefranc, A., & Petit, A. (2019). Le travail du questionnement en formation continue: Une nécessité éthique [O trabalho de problematização na educação permanente: Uma necessidade ética]. In A. Gatecel & A. Lefranc (Eds.) *Le Grand Livre des pratiques psychomotrices* (pp. 525-532). Dunod.

Loparic, Z. (1995). Winnicott e o pensamento pós-metafísico. *Psicologia USP, 6,* (2), 39-61.

Loparic, Z. (2000). O animal humano. *Natureza Humana, 2*(2), 351-397.

Loparic, Z. (2001). Além do inconsciente: Sobre a desconstrução heideggeriana da psicanálise. *Natureza Humana, 3*(1), 91-140.

Loparic, Z. (2013). A ética da lei e a ética do cuidado. In Z. Loparik (Org.). *Winnicott e a ética do cuidado* (pp.12-28). DWW.

Martins, R. (2015). O Corpo como Primeiro Espaço de Comunicação. O Diálogo Tónico-Emocional no Nascimento da Vida Psíquica. *PsiLogos, 13*(1), 34-43.

Mila, J. (2008). *De profesión psicomotricista* [A profissão de psicomotricistas]. Miño y Dávila.

Potel, C. (2015). *Du contre-transfert corporel: Une clinique psychothérapique du corps* [A contratransferência corporal: Uma clínica psicoterapêutica do corpo]. Érès.

Quang, L. (2019). *Ethique des pratiques psychomotrices: Eléments d'une philosophie du corps* [Ética das práticas psicomotoras: Elementos de uma filosofia do corpo]. L'Harmattan.

Robert-Ouvray S. (2007). *L'enfant tonique et sa mère* [A criança tónica e a sua mãe]. Desclée de Brouwer.

Vecchiato, M. (2003). *A terapia psicomotora*. UnB.

Winnicott, D. (1945a). Primitive emotional development [Desenvolvimento emocional primitivo]. In D. Winnicott (1958/1992). *Through paediatrics to psychoanalysis - Collected papers* (pp. 145-156). Karnac.

Winnicott, D. (1945b). Towards an objective study of human nature [Rumo a um estudo objetivo da natureza humana]. In D. Winnicott (1996). *Thinking about children* (pp. 3-12). Karnac.

Winnicott, D. (1949). Mind and its relation to the psyche-soma [Mente e a sua relação com a psique-soma]. In D. Winnicott (1958/1992). *Through paediatrics to psychoanalysis: collected papers* (pp. 243-254). Karnac.

Winnicott, D. (1956). Primary maternal preoccupation [Preocupação materna primária]. In D. Winnicott (1958/1992). *Through paediatrics to psychoanalysis: collected papers* (pp. 300-305). Karnac.

Winnicott, D. (1960a). The theory of the parent-infant relationship [A teoria do relacionamento pais-filho]. In D. Winnicott (1965/1990). *The maturational processes and the facilitating environment: Studies in the theory of emotional development* (pp. 37-55). Karnac.

Winnicott, D. (1960b). Ego distortion in terms of true and false self [Distorções do Ego em termos de verdadeiro e falso self]. In D. Winnicott (1965/1990). *The maturational processes and the facilitating environment: Studies in the theory of emotional development* (pp. 140-152). Karnac.

Winnicott, D. (1962). Ego integration in child development [A integração do Ego no desenvolvimento da criança]. In D. Winnicott (1965/1990). *The maturational processes and the facilitating environment: Studies in the theory of emotional development* (pp. 56-63). Karnac.

Winnicott, D. (1963a). From Dependence Towards Independence in the Development of the Individual [Da dependência à independência no desenvolvimento do indivíduo]. In L. Caldwell & H. T. Robinson (Eds.), *The Collected Works of D.W. Winnicott* (Vol. 6, pp. 469-478). Oxford University.

Winnicott, D. (1963b) The development of the capacity for concern [O desenvolvimento da capacidade de preocupação]. In D. Winnicott (1965/1990). *The maturational processes and the facilitating environment: Studies in the theory of emotional development* (pp. 73-82). Karnac.

Winnicott, D. (1969a). The mother-infant experience of mutuality [A experiência de mutualidade mãe-filho]. In D. Winnicott (1989). *Psycho-analytic explorations* (pp. 251-260). Karnac.

Winnicott, D. (1969b). The use of an object and relating through identifications [O uso de um objeto e relacionamento através de identificações]. In D. Winnicott (1971/2005). *Playing and reality* (pp. 115-127). Routledge.

Winnicott, D. (1988). *Human nature* [Natureza humana]. Association Books.

CORPO E EMOÇÃO
O papel das intervenções de mediação corporal no bem-estar emocional

Guida Veiga

As emoções são importantes para o dia a dia, melhorando as nossas interações sociais, ajudando a ligarmo-nos aos outros, a resolver conflitos, a sentir que pertencemos a algum lugar. As emoções emergem num determinado contexto, estão sempre associadas a uma situação significativa (real ou hipotética) e têm por isso um valor funcional, assinalando que há algo no envolvimento que requer a nossa atenção e que nos motiva para fazer alguma coisa (por exemplo, demarcar os nossos limites ou proteger os nossos objetivos pessoais) (Scherer, 2000). Por outro lado, as emoções têm uma forte função comunicativa, informando os outros das nossas intenções, necessidades e objetivos (Keltner & Haidt, 1999). Se no início a expressão emocional é um simples reflexo de um estado interno, ao longo do seu desenvolvimento as crianças vão aprender a apreciar o valor funcional e comunicativo das emoções e a compreendê-las, regulá-las e expressá-las intencionalmente.

Esta aprendizagem ocorre através da socialização emocional. Ou seja, observando os outros, observando-se a si mesmas, ouvindo e falando das emoções com outros mais experientes, as crianças aprendem a compreender, a gerir e a comunicar de forma mais adaptativa as suas emoções. Por exemplo, as crianças rapidamente aprendem que sorrir desencadeia respostas positivas por parte dos cuidadores e que chorar apela ao conforto, atenção e atendimento das suas necessidades. Quando a criança vê o adulto dizer, com um sorriso de orelha a orelha, "Estou tão contente! Era mesmo isto que eu queria!" ou quando lhe dizem, "Estás a chorar, não estejas triste...", ela está a aprender a reconhecer a alegria e a tristeza. Quando a criança chega a casa menos enérgica e diz "Dói-me a barriga..." e os pais lhe perguntam "O que aconteceu na escola? Estás preocupada?", ela está a ser ensinada a reconhecer a ansiedade. Estas leituras permitem que a criança compreenda a ligação entre as suas emoções e as situações que as desencadearam, bem como os estados corporais que lhes estão associados. A compreensão desta tríade é fundamental, quer para o desenvolvimento da consciência emocional, quer para o desenvolvimento da regulação emocional.

De facto, a perceção dos sinais corporais (e.g., tónicos, cardíacos, respiratórios, gástricos, de temperatura, dor, etc.), também denominada de interocetividade, é fundamental para percebermos o que estamos a sentir. Esta ligação entre emoções e estados corporais reflete-se até na forma como falamos de emoções. Sentimos "uma pedra no estômago" ao recebermos uma má notícia, "frio na barriga" antes de uma entrevista de emprego, "um nó na garganta" perante uma tomada de decisão difícil, "o coração partido" após o fim de um relacionamento. Apesar de algumas das expressões que usamos para expressar emoções serem meramente metafóricas, os mais recentes especialistas da Emoção (e.g., Barrett, 2017; Damásio, 1994) têm mostrado que o teor de uma emoção se baseia em grande parte na perceção dos estados corporais. De facto, vários estudos recentes têm vindo consubstanciar esta relação entre o corpo e a emoção, demonstrando que os estados corporais são o cerne da experiência emocional (e.g., Barrett et al., 2007; Craig, 2002; Damásio & Carvalho, 2013; Nummenmaa et al., 2014).

A interocetividade é uma percepção integrada, multimodal e multissensorial do estado do corpo, envolvendo assim diferentes tipos de sensações (Ceunen et al., 2016), nomeadamente as sensações de dano de tecidos (nociceção), de temperatura (termoceção), input sensorial enviado pelos neurónios da Lâmina I da Via Espinotalâmica e do Nervo Vago, sensações das articulações, tendões, movimentos musculares (proprioceção), bem como informação do movimento e da posição do corpo no espaço. Efetivamente, o cérebro está constantemente a representar tudo o que acontece dentro do corpo: os batimentos cardíacos, os pulmões a encher e a esvaziar, o estômago a digerir a comida, as hormonas a correr na corrente sanguínea, o sistema imunitário a funcionar; e a integração e a categorização destas sensações é fundamental para compreendermos o que estamos a sentir (Barrett, 2017; Damásio, 1994).

Por outro lado, à medida que nos vamos desenvolvendo, o cérebro vai associando estas alterações corporais, i.e. interocetivas, a situações que tipicamente evocam tais alterações. Por exemplo, perante uma situação ameaçadora os batimentos cardíacos aumentam e ficam mais fortes, a frequência respiratória aumenta, a tensão muscular também aumenta e há determinadas hormonas que se libertam na corrente sanguínea, como é o caso do cortisol. À medida que vamos crescendo e acumulando experiências, o cérebro vai criando padrões que associam as sensações corporais às situações (Barrett, 2017) e que nos permitem, por exemplo, perante uma dor no estômago, perceber se estamos com fome (lembramo-nos que não tomámos o pequeno almoço), se estamos doentes (o filho apanhou uma virose), se estamos zangados (fomos injustamente repreendidos), ou com medo de algo (preparamo-nos para uma entrevista de emprego). Assim, a consciência das emoções depende, em grande parte, de perceber as sensações corporais e de as ligar às situações relevantes. Por isso, as teorias mais recentes da emoção abandonaram a ideia clássica de que basta reconhecer as situações evocadoras de emoções para saber o que estou a sentir (e.g., Scherer, 2000). Para saber o que estou a sentir eu tenho de reconhecer o que senti na última vez que estive naquela situação, quando o meu corpo estava naquele estado (Barrett, 2017).

A capacidade interocetiva é então essencial para sabermos que emoções estamos a sentir e como as podermos regular. De facto, esta capacidade tem até sido apontada como o Fator-P da psicopatologia (Brewer, Cook, Bird, 2016), ou seja, o indicador central, subjacente a todas as psicopatologias, que varia de indivíduo para indivíduo, e que reflete uma suscetibilidade para desenvolver uma psicopatologia. São vários os estudos (e.g., Eggart et al., 2019; Garfinkel et al., 2016; Migliorini et al., 2013; Müller et al., 2015) que têm demomstrado que as dificuldades ao nível da interocetividade são comuns a diferentes psicopatologias como, por exemplo, a Depressão, Ansiedade, Esquizofrenia, Perturbações Alimentares, Consumo de Substâncias, Perturbação do Espetro do Autismo, etc. Em todas elas têm sido reportadas dificuldades em perceber os diferentes estados internos, sendo que, nuns casos, a capacidade interocepetiva pode ser alta, noutros casos baixa e noutros casos variável consoante o tipo de sensação.

Por exemplo, na Perturbação da Ansiedade parece haver um aumento da interocetividade, que se manifesta na maior precisão com que os sinais corporais internos são percebidos e na maior atenção dada aos sinais corporais internos (Domschke et al., 2010). Contudo, salvo algumas exceções (e.g, Perturbação da Ansiedade, Perturbação Obsessiva-Compulsiva [e.g., Domschke et al., 2010; Eng et al., 2020]), na generalidade dos estudos tem sido reportada uma diminuição da consciência dos sinais corporais internos na maior parte das psicopatologias, que limita a autorregulação. Por exemplo, nos casos de abusos de substâncias a hipo-ativação somatovisceral (e.g., Migliorini et al., 2013) torna difícil perceber o efeito de substâncias (alcool, drogas) nos estados corporais internos, e, por conseguinte, a perceção do impacte dos consumos, impedindo a pessoa de parar quando já consumiu demasiado. A menor sensibilidade e consciência interocetiva reportada nas Perturbações Alimentares (e.g., Pollatos et al., 2008; Klabunde et al., 2013), faz com que seja difícil a pessoa saber se está satisfeita ou se tem fome, dificultando a regulação da ingestão de alimentos.

Apesar de a maior parte das crianças de idade pré-escolar já ter a capacidade de experienciar conscientemente os seus estados corporais e de aprender a ligar estas pistas corporais às situações que as evocaram (Veiga, da Silva, Gibson & Rieffe, 2021), existem crianças que necessitam de um terapeuta que facilite a vivência sensorial e afetiva do corpo, bem como a sua integração na perspetiva triádica (corpo-situação-emoção) acima descrita. Por exemplo, quando há falhas nas relações precoces e uma exposição repetida a traumas relacionais (e ao consequente stress crónico), ou quando as figuras de referência não valorizam o reconhecimento dos seus estados emocionais internos, o desenvolvimento emocional fica comprometido (Veiga & Rieffe, 2015). Imaginemos uma criança cuja mãe não reage às frequentes dores de barriga do filho sempre que é vítima de bullying, ou uma criança cujo pai ignora a constante expressão facial de tristeza. À medida que estas crianças se desenvolvem elas vão ter dificuldade em aprender que o corpo lhes dá informações importantes sobre a sua vida relacional e afetiva, que o corpo lhes permite comunicar e estabelecer relações e que determinados estados corporais devem ser regulados. Estas competências são fundamentais para o sucesso e o bem-estar na idade adulta. Por exemplo, vários estudos demonstraram a associação entre a interocetividade e as habilidades cognitivas de ordem superior, como a tomada de decisões e o processamento emocional, bem como com a saúde física e mental (Brewer, Cook, & Bird, 2016; Khalsa & Lapidus, 2016; Murphy et al., 2017).

As intervenções de mediação corporal

É então evidente que a capacidade de escutar e representar as diferentes sensações corporais é essencial para o funcionamento emocional. Porque sentimos, pensamos e expressamos as emoções no nosso corpo, com o nosso corpo, as intervenções terapêuticas, têm de começar pelo corpo. E é por isso que o psicomotricista é tão solicitado nas fases iniciais de acompanhamento dos pacientes nas consultas de saúde mental, de crianças, adolescentes e adultos. Na verdade, é frequente os pedopsiquiatras ou psiquiatras encaminharem os seus casos para a psicomotricidade, referindo que "com este paciente temos de começar pelo corpo" (antes de chegar à palavra).

E como se começa pelo corpo? Ao invés de considerar o corpo da pessoa como o meio (e o fim) da sua intervenção, o psicomotricista vai considerar a pessoa que possui um corpo em relação; um corpo que é sensorial, motor, afetivo, relacional; um corpo que, materializado através da pele, permite e dá suporte a uma vida psíquica. Através de diferentes mediadores corporais como o jogo, o toque e a relaxação, o psicomotricista vai ajudar a pessoa a centrar-se na vivência sensorial, motora, afetiva e subjetiva do seu corpo e do movimento, por forma a aumentar a literacia do corpo, real e imaginário, ajudando-a a sentir, identificar e descrever as sensações corporais, ligando-as à sua personalidade e experiências de vida, que são sempre diferentes das dos outros.

É importante pois salientar esta singularidade do processamento emocional para que o psicomotricista não caia na tentação de generalizar e comportamentalizar a sua prática. Assumindo que cada pessoa tem um corpo funcional com identidade própria, o psicomotricista deve fugir dos estereótipos comuns (e.g., sorrimos quando estamos contentes, choramos quando estamos tristes, etc.) e estar aberto à variabilidade do mundo real: um sorriso pode significar alegria, vergonha, raiva ou até tristeza, dependendo do contexto; um aumento do ritmo cardíaco pode significar alegria, medo ou raiva, dependendo do contexto. O importante é permitir uma vivência e uma escuta do corpo em liberdade e ajudar a atribuir a esta vivência corporal um estatuto pela palavra. Só desta forma o psicomotricista estará a ajudar a pessoa a expandir o seu conhecimento emocional.

Um dos mediadores que merece destaque é o jogo de atividade física. Correr, saltar, escalar, brincar às lutas, às cócegas, às apanhadas são brincadeiras comumente categorizadas como jogo de atividade física (Pellegrini, 2009). O que torna distinto este tipo de jogo, que não tem merecido tanta atenção como o jogo de faz de conta, é o facto de envolver atividade física moderada a vigorosa, que é acompanhada por alterações corporais (por exemplo, o aumento da frequência cardíaca, da frequência respiratória, o aumento do tónus muscular, etc.) que, como acima referido, constituem uma componente importante da experiência emocional, sendo por isso particularmente importantes para a criança sentir o seu próprio corpo e as alterações corporais associadas à experiência emocional (Veiga et al., 2021). De facto, os estudos mostram que as crianças que mais se envolvem no jogo de atividade física compreendem e regulam melhor as emoções (Lindsey & Colwell, 2013). O psicomotricista pode, a partir do jogo de atividade física, ajudar na identificação e associação das sensações e dos movimentos corporais a emoções e outros estados mentais, identificando causas e consequências. Ao encontrar significados para as sensações estará a facilitar a autorregulação e a comunicação.

Outro dos mediadores é a relaxação. Independentemente das técnicas de relaxação aplicadas (e.g., respiração, digitalização corporal, alongamentos, balanceamentos, movimentos ativo-passivos), a relaxação envolve uma abertura à experiência sensorial e uma observação e a escuta atenta do próprio corpo, que resulta numa maior consciencialização das sensações corporais. Por outro lado, a relaxação envolve também a significação afetiva das sensações corporais (agradáveis *vs* desagradáveis; prazerosas *vs* desprazerosas), através da nomeação ou da descrição do que foi sentido, quer seja durante, quer seja no final da sessão. Esta consciencialização do fundo tónico e afetivo da pessoa permite o desenvolvimento da autorregulação, tanto dos estados corporais, como dos estados emocionais, e resulta numa maior capacidade da pessoa aceder ao prazer. De facto, vários estudos têm revelado a eficácia da relaxação ao nível da consciência corporal (e.g., Treves et al., 2019) e da autorregulação (e.g., Bothe et al., 2014; Flook et al., 2015; Marmeleira et al., 2018), quer de crianças, quer de adultos.

Recorrendo a estes e outros mediadores corporais (e.g., toque), o psicomotricista vai ajudar a pessoa a centrar-se na vivência sensorial, tónica e afetiva do seu corpo e na sua significação. Neste processo de escuta interna, em que se deseja a crescente autonomia da pessoa e o desenvolvimento da sua intencionalidade interocetiva, o psicomotricista, com a sua presença atenta, disponível e aberta, facilita a reflexão sobre as experiências internas e a integração das mudanças. É por isso que a terapia psicomotora implica uma relação, um vínculo que estabilize e dê a segurança necessária para o investimento, mas também a presença de um outro, de um olhar externo que reconhece, avalia e valoriza a expressão pessoal da pessoa.

Ao basear-se no corpo como meio de comunicação das próprias emoções, como elemento de acesso ao mundo da representação e da simbolização, a terapia psicomotora constitui-se como uma resposta terapêutica fundamental perante as dificuldades em sentir, pensar e falar das emoções (Veiga & Rieffe, 2015). Usando como mediador o "corpo e o movimento em relação", através de técnicas psicomotoras específicas que solicitam o todo em simultâneo), o psicomotricista vai centrar a sua atuação na vivência sensorial, tónica e afetiva da pessoa, facilitando a associação entre esta vivência e as suas emoções e pensamentos, promovendo assim a elaboração psíquica das sensações e ajudando a reflexão sobre o significado desta vivência tónico-emocional (Martins, 2001).

Referências bibliográficas

Barrett, L. F. (2017). How emotions are made: The secret life of the brain [Como as emoções são feitas: A vida secreta do cérebro]. Pan Books.

Barrett, L. F., Mesquita, B., Ochsner, K. N., & Gross, J. J. (2007). The experience of emotion [A experiência da emoção]. *Annual Review of Psychology, 58*, 373-403.

Bothe, D. A., Grignon, J. B., & Olness, K. N. (2014). The effects of a stress management intervention in elementary school children [Os efeitos de uma intervenção de controlo do stresse em crianças do ensino fundamental]. *Journal of Developmental & Behavioral Pediatrics, 35*(1), 62-67.

Brewer, R., Cook, R., & Bird, G. (2016). Alexithymia: A general deficit of interoception [Alexitimia: Um défice global de interoceção]. *Royal Society Open Science, 3*(10), 150664.

Ceunen, E., Vlaeyen, J. W., & Van Diest, I. (2016). On the origin of interoception. [Na origem da interoceção]. *Frontiers in Psychology, 7*, 743.

Craig, A. D. (2002). How do you feel? Interoception: The sense of the physiological condition of the body [Como te sentes? Interoceção:

O sentir das condições fisiológicas do corpo]. *Nature Reviews Neuroscience, 3*(8), 655-666.

Damásio, A. (2012). *O erro de Descartes: Emoção, razão e o cérebro humano.* Publicações Europa-América

Damasio, A., & Carvalho, G. B. (2013). The nature of feelings: Evolutionary and neurobiological origins [A natureza dos sentimentos: Evolução e origem neurobiológica]. *Nature Reviews Neuroscience, 14*(2), 143-152.

Domschke, K., Stevens, S., Pfleiderer, B., & Gerlach, A. L. (2010). Interoceptive sensitivity in anxiety and anxiety disorders: An overview and integration of neurobiological findings [Sensibilidade interocetiva na ansiedade e perturbações da ansiedade: Uma visão geral e integração das descobertas neurobiológicas]. *Clinical Psychology Review, 30*(1), 1-11.

Eggart, M., Lange, A., Binser, M. J., Queri, S., & Müller-Oerlinghausen, B. (2019). Major depressive disorder is associated with impaired interoceptive accuracy: A systematic review [A depressão está associada com problemas interocetivos: Uma revisão sistemática]. *Brain Sciences, 9*(6), 131.

Eng, G. K., Collins, K. A., Brown, C., Ludlow, M., Tobe, R. H., Iosifescu, D. V., & Stern, E. R. (2020). Dimensions of interoception in obsessive-compulsive disorder [Dimensões da interoceção nas perturbações obsessivo-compulsivas]. *Journal of Obsessive-Compulsive and Related Disorders, 27*, 100584.

Flook, L., Goldberg, S., Pinger, L., & Davidson, R. (2015). Promoting prosocial behavior and self-regulatory skills in preschool children through a mindfulness-based kindness curriculum [Promoção do comportamento pró-social e auto-regulação de competências em crianças da pré-escola através de um curriculum baseado no *mindfulness* e bondade]. *Developmental Psychology, 51*(1), 44-51. https://doi.org/10.1037/a0038256

Garfinkel, S. N., Tiley, C., O'Keeffe, S., Harrison, N. A., Seth, A. K., & Critchley, H. D. (2016). Discrepancies between dimensions of interoception in autism: Implications for emotion and anxiety [Discrepâncias entre as dimensões da interoceção no autismo: Implicações para a emoção e ansiedade]. *Biological Psychology, 114*, 117-126.

Keltner, D., & Haidt, J. (1999). Social functions of emotions at four levels of analysis [Funções sociais das emoções em quatro níveis de análise]. *Cognition & Emotion, 13*(5), 505-521. https://doi.org/10.1080/ 026999399379168

Khalsa, S. S., & Lapidus, R. C. (2016). Can interoception improve the pragmatic search for biomarkers in psychiatry? [Pode a interoceção melhor a pesquisa pragmática de biomarcadores em psiquiatria?] *Frontiers in Psychiatry, 7*, 121. https://doi.org/10.3389/fpsyt.2016.00121

Klabunde, M., Acheson, D. T., Boutelle, K. N., Matthews, S. C., & Kaye, W. H. (2013). Interoceptive sensitivity deficits in women recovered from bulimia nervosa [Défices sensoriais propriocetivos em mulheres recuperadas de bulimia nervosa]. *Eating Behaviors, 14*(4), 488-492.

Lindsey, E. W., & Colwell, M. J. (2013). Pretend and physical play: Links to preschoolers' affective social competence [Jogo de faz-de-conta e de atividade física: Conexões com competências afetivas e sociais de crianças da pré-escola]. *Merrill-Palmer Quarterly, 59*(3), 330-360. https//doi.or/ 10.13110/merpalm quar1982.59.3.0330

Marmeleira, J., Liberal, C., & Veiga, G. (2018). A prática de relaxação promove o desenvolvimento sócio-emocional de crianças em idade pré-escolar. Em Rodrigues, P., Rebolo, A., Vieira, F., Dias, A., & Silva, L. *Estudos em Desenvolvimento Motor da Criança XIII* (pp. 197-203). Edições Piaget.

Martins, R. (2001). A relaxação terapêutica no contexto da saúde mental. In Fonseca, V., & Martins, R. (Eds.) *Progressos em psicomotricidade* (95-108). FMH Edições.

Migliorini, R., Stewart, J. L., May, A. C., Tapert, S. F., & Paulus, M. P. (2013). What do you feel? Adolescent drug and alcohol users show altered brain response to pleasant interoceptive stimuli [Como é que se sente? Adolescentes que consomem drogas e álcool apresentam respostas cerebrais alteradas a estímulos interocetivos agradáveis]. *Drug and Alcohol Dependence, 133*(2), 661-668.

Müller, L. E., Schulz, A., Andermann, M., Gäbel, A., Gescher, D. M., Spohn, A., ... & Bertsch, K. (2015). Cortical representation of afferent bodily signals in borderline personality disorder [Representação cortical de sinais aferentes corporais na perturbação *borderline* da personalidade]. *JAMA Psychiatry, 72*(11), 1077-1086.

Murphy, J., Brewer, R., Catmur, C., & Bird, G. (2017). Interoception and psychopathology: A developmental neuroscience perspective [Interoceção e psicopatologia: Uma perspetiva desenvolvimental em neurociência]. *Developmental Cognitive Neuroscience, 23*, 45-56.

Nummenmaa, L., Glerean, E., Hari, R., & Hietanen, J. K. (2014). Bodily maps of emotions [Mapas corporais das emoções]. *Proceedings of the National Academy of Sciences, 111*(2), 646-651.

Pellegrini, A. D. (2009). *The role of play in human development* [O papel do jogo no desenvolvimento humano]. Oxford University Press.

Pollatos, O., Kurz, A. L., Albrecht, J., Schreder, T., Kleemann, A. M., Schöpf, V., ... & Schandry, R. (2008). Reduced perception of bodily signals in anorexia nervosa [Perceção reduzida dos sinais corporais na anorexia nervosa]. *Eating Behaviors, 9*(4), 381-388.

Scherer, K.R. (2000). Emotion [Emoção]. In M. Hewstone & W. Stroebe (Eds.), *Introduction to Social Psychology: A European perspective* (3rd ed., pp. 151-191). Blackwell.

Treves, I. N., Tello, L. Y., Davidson, R. J., & Goldberg, S. B. (2019). The relationship between mindfulness and objective measures of body awareness: A meta-analysis [Relação entre *mindfulness* e medidas objetivas da consciência corporal: Uma metanálise]. *Scientific Reports, 9*(1), 1-12.

Veiga, G., da Silva, B. S., Gibson, J., & Rieffe, C. (2021). Emotions in play: The effects of physical play on children's social well-being [Emoções em jogo: O efeito do jogo de atividade física no bem-estar social de crianças]. In D. Dukes, A. C. Samson, & R. Walle (Eds.), *Handbook of Emotion Development*. Oxford University Press.

Veiga. G., & Rieffe, C. (2015). Ligar o corpo à emoção: Intervenção psicomotora na promoção de crianças emocionalmente competentes (pp. 67-80). In J. Fernandes & P. Gutierres (Eds.), *Psicomotricidade - Atualidades da prática psicomotora*. Wak.

CORPO, EMOÇÃO E SAÚDE MENTAL
Interrelações e reciprocidades

José Marmeleira

Introdução

Nos últimos anos tem existido um debate crescente sobre o papel do corpo e do movimento na saúde mental. Diversas disciplinas, como a psicologia, a neurociência, as ciências da educação e a filosofia da mente, têm trabalhado a ideia de que as especificidades estruturais, funcionais e afetivas dos corpos desempenham um papel crítico nas dimensões percetiva, cognitiva, emocional e relacional do ser humano. Esta dinâmica, em que o corpo e o movimento são colocados no centro do palco da ciência e também das práticas de saúde, conduziu à emergência de um novo quadro teórico denominado *embodiment* (Gallagher, 2018; Marmeleira & Duarte Santos, 2019)

Embora a importância do corpo sobre a nossa vida mental não seja uma ideia nova (ver, por exemplo, a abordagem fenomenológica de Merleau-Ponty, 1945/1999), apenas nas últimas décadas o campo do *embodiment* se começou a afirmar no domínio da ciência, desafiando algumas das suas premissas centrais tradicionais, incluindo a natureza ou relevância das representações mentais e a visão dualística da natureza humana. Na área do *embodiment*, a mente não é concebida como um conjunto de funções lógicas/abstratas, mas antes como um sistema biológico enraizado na experiência corporal e interconectado com ações corporais e relações sociais (Gallagher, 2018; Glenberg, 2010; Marmeleira & Duarte Santos, 2019). Nesta corrente científica, assume-se que os processos sensório-motores e as representações mentais do corpo influenciam a emoção, a cognição e o comportamento.

Neste texto, damos especial relevância à relação entre corpo e emoção e ao impacto da corporeidade sobre a saúde mental. Sempre que possível, socorremo-nos de conhecimentos da área da neurociência, a qual tem levado a novas perspetivas sobre as interconexões corpo-cérebro-mente-comportamento. Fechamos o texto, apresentando evidências sobre a relação da área do *embodiment* com as perturbações mentais relacionadas com o trauma e salientando o potencial das intervenções de mediação corporal no tratamento das vítimas de trauma.

Corpo, Consciência e Emoção

O corpo e as emoções estão intimamente relacionados. A própria palavra 'emoção' está, na sua origem, associada à ideia de perturbação física e movimento corporal (Dixon, 2012). Charles Darwin considerava que a maioria das emoções está tão intimamente ligada à sua expressão corporal que dificilmente existiria se o corpo permanecesse passivo. Por sua vez, William James considerava que as emoções surgem em resultado da perceção pelo indivíduo das alterações corporais (e.g., aumento da frequência cardíaca) consequentes aos eventos vividos. Atualmente, a maioria dos neurocientistas considera que o feedback corporal modula a experiência da emoção (Herbert &

Pollatos, 2012; Schäflein et al., 2018) e há evidências de que diferentes estados emocionais estão associados a sensações corporais topograficamente distintas (Nummenmaa et al., 2014).

As mudanças nos estados fisiológicos do corpo são mapeadas no cérebro e desempenham um papel fundamental na experiência mental do que é sentir (Panksepp, 2010). A interoceção, definida como a perceção, processamento e representação do estado interno do corpo (Marmeleira & Veiga, 2018; Paulus & Stein, 2010), tem captado muita atenção entre a comunidade científica nos últimos anos. Uma vez que a interoceção desempenha um papel importante na regulação das emoções, tem sido sugerido que as pessoas mais bem sintonizadas com os sinais do seu corpo podem ter benefícios na sua vida do dia a dia, incluindo uma melhor saúde mental (Paulus & Stein, 2010; Pollatos & Ferentzi, 2018).

Do ponto de vista biológico, a interoceção é baseada em *inputs* de neurónios sensoriais de pequeno diâmetro (provenientes das vísceras, músculos, articulações, dentes e pele) e inclui uma via espinotalâmica e um córtex interocetivo distinto - o córtex insular (Craig, 2015). A ínsula parece ter um papel fundamental na interoceção, recebendo muitos dos sinais provenientes do corpo que são, depois, progressivamente integrados com o contexto motivacional e informação hedónica à medida que progridem para a ínsula anterior (Herbert & Pollatos, 2012). Vários estudos revelaram alterações estruturais da ínsula e/ou da rede interocetiva entre os praticantes de meditação, providenciando pistas quanto aos mecanismos neurais na base de benefícios psicológicos desta prática, os quais parecem ser mediados, em grande parte, pela interoceção (Gibson, 2019; Sharp et al., 2018). O uso de imagiologia cerebral permitiu também perceber que existe uma associação significativa positiva entre os níveis de bem-estar eudaimónico (e.g., relações positivas, significado da vida, crescimento pessoal) e o volume da massa cinzenta do córtex insular (Lewis et al.,

2014). Recentemente, um estudo com mulheres vítimas de violência doméstica mostrou associações entre alterações na interoceção e a presença de síndrome do stress pós-traumático (PTSD), ansiedade e depressão (Machorrinho et al., 2021).

O funcionamento cognitivo também parece beneficiar da competência interocetiva, incluindo processos de atenção, tomada de decisão e memória (Chambers et al., 2008; Gibson, 2019). A este propósito, destacamos aqui o trabalho do neurocientista António Damásio, que tem evidenciado a relação próxima entre corpo e estados afetivos, e como a mesma influencia os processos cognitivos (e.g., tomada de decisões) e a construção do cérebro consciente. Para António Damásio, o surgimento da consciência depende da presença simultânea de um estado de vigília, de uma mente e de um *self*. Para o autor, o "sentimento de nós mesmos" depende de sabermos, de forma automática ou explícita, que existem imagens "dentro de nós" que são nossas e acionáveis. Esta ideia relaciona-se com a existência de sentimentos que permeiam as imagens que vivenciamos e servem como marcadores somáticos, permitindo a distinção entre o eu e o não-eu (Damasio et al., 1996). Na sua obra, *O livro da consciência: A construção do cérebro consciente*, Damásio afirma que, dentro das ideias avançadas no livro, nenhuma é mais central do que a noção de que o corpo é a base da mente consciente (Damasio, 2010).

Teorias de *feedback* corporal

As teorias de *feedback* corporal da emoção propõem que a manipulação de expressões faciais e de posturas corporais têm a capacidade de influenciar um espectro diversificado de respostas emocionais e motivacionais, conforme medido por auto-relatos, respostas fisiológicas e respostas cognitivas (Price & Harmon-Jones, 2015). A possibilidade de a adoção voluntária de determinadas expressões corporais ter um efeito sobre os estados mentais tem um forte potencial clínico, tal como demonstram alguns estudos empíricos (Weineck et al., 2019; Weineck et al., 2020).

Vários estudos apontam uma ligação bidirecional entre as expressões corporais e as emoções. Por exemplo, Stepper e Strack (1993) mostraram que o desempenho numa tarefa cognitiva (matrizes progressivas de Raven) levava a maiores sentimentos de orgulho se o resultado fosse recebido numa postura ereta em vez de numa postura curvada. Outro estudo reportou que, quando os participantes foram solicitados a segurar uma caneta entre os dentes (contração dos músculos envolvidos no sorriso), avaliaram um conjunto de desenhos humorísticos como sendo mais engraçados do que quando seguraram a caneta entre os lábios, criando uma condição de sorriso inibido (Strack et al., 1988). Efeitos comparáveis foram encontrados noutra experiência onde, quando solicitados a unir as sobrancelhas (contração dos músculos envolvidos na produção de um padrão facial emocional triste), os participantes indicaram sentir-se mais tristes ao observarem fotos aversivas (Larsen et al., 1992).

Num estudo com pacientes que sofriam de depressão, foi apresentado um conjunto de palavras associadas a sentimentos depressivos ou a sentimentos positivos, tendo sido solicitado aos participantes que imaginassem situações associadas a essas palavras. Os autores concluíram que aqueles que realizaram a experiência sentados com uma postura corporal curvada recordaram posteriormente um maior número de palavras negativas em comparação com aqueles que realizaram a tarefa sentados com as costas eretas (Michalak et al., 2014). Estes resultados estão em sintonia com aqueles de um estudo posterior que mostrou que posturas corporais encurvadas estão associadas a estados de humor e pensamentos negativos (Veenstra et al., 2017)

Mais recentemente, foi demonstrado que, quando as pessoas adotam poses de poder (e.g., cabeça levantada, mãos ao nível na cintura, posturas corporais "abertas"), experienciam, efetivamente, sentimentos de maior poder além de que melhoram a sua precisão interocetiva (Weineck et al., 2019). Num outro estudo relacionado, concluiu-se que a adoção de posturas expansivas ("de poder") levou à melhoria do desempenho em tarefas de criatividade que requerem pensamento divergente (Michinov & Michinov, 2021).

Vários mecanismos têm sido avançados para explicar os efeitos acima enunciados. Entre eles, incluem-se alterações de indicadores fisiológicos relacionados com o sistema nervoso autónomo (menor *arousal*), alterações no processamento interocetivo (maior atenção aos sinais corporais), ou alteração na ativação de regiões cerebrais, incluindo a amígdala, ínsula ou o córtex pré-frontal (Price & Harmon-Jones, 2015; Weineck et al., 2019).

Do ponto de vista da neurociência, é estimulante o facto de o cérebro ter a capacidade de adotar/personificar estados específicos em consequência da manipulação de comportamentos corporais expressivos (Niedenthal, 2007), revelando bidirecionalidade entre estados cerebrais/emocionais e o comportamento motor. As evidências acima enunciadas dão suporte à manipulação intencional de posturas corporais e expressões faciais como forma de intervir sobre sintomas afetivos e o funcionamento cognitivo em pessoas saudáveis ou com problemáticas de saúde. As pessoas que sofrem de perturbações relacionadas com trauma estão, muito provavelmente, entre aquelas que mais podem beneficiar desta estratégia no domínio do *embodiment*.

Trauma e *embodiment*

Diversas perturbações de saúde mental, incluindo PTSD, ansiedade, depressão ou alexitimia, têm sido relacionadas com alterações nos processos de *embodiment*, incluindo na interoceção, no sentimento de propriedade corporal – *body ownership*, no sentimento de agência corporal – *body agency* e na imagética motora (Ehrsson et al., 2007; Michalak et al., 2009; Moran et al., 2015; Paulus & Stein, 2010; Schäflein et al., 2018). O trauma tem sido um dos temas mais explorados na sua relação com a corporeidade. É sabido que experiências traumáticas levam frequentemente a um sentimento de desconexão entre corpo e mente e a sentimentos de medo das vítimas em relação às suas próprias emoções e sensações corporais (Machorrinho et al., 2019; Neukirch et al., 2019; Van der Kolk, 2014).

A nível cerebral, as experiências de trauma parecem desregular o funcionamento dos circuitos neurais associados à interoceção e à regulação emocional, incluindo a ínsula, a amígdala e o córtex pré-frontal (Bruce et al., 2013; Nicholson et al., 2015). Em específico, foi proposto que o trauma e o stress crónico levam à desregulação de uma rede cerebral intitulada *Core Response Network* (CRN), a qual conecta os sistemas límbico, autónomo, motor e de *arousal* (Payne et al., 2015). De acordo com este quadro teórico, o mau funcionamento do CRN e de outras redes neurais específicas pode perpetuar o entorpecimento ou hiperativação emocional e corporal, bem como outras características de PTSD, ansiedade e depressão (Lanius et al., 2015; Payne et al., 2015). Há também evidências de que a proprioceção e a imagética motora estão alteradas no subtipo dissociativo de PTSD, em consequência de mudanças na conectividade da amígdala com a região parietal superior (Nicholson et al., 2015).

Um estudo recente de Machorrinho et al. (2021), realizado com mulheres vítimas de violência doméstica, demonstrou que os sintomas de PTSD, ansiedade e depressão estavam negativamente associados com variáveis interocetivas e sintomas de dissociação corporal. Em particular, e de acordo com os autores, por cada unidade de aumento na escala de dissociação corporal, ocorreu um aumento de duas e seis vezes, respetivamente, no risco de desenvolvimento de depressão e ansiedade. Na mesma linha, um estudo qualitativo anterior que explorou as vivências corporais de mulheres vítimas de violência doméstica concluiu que a dissociação corporal é um dos sintomas mais comuns (Wesely et al., 2000). É pertinente o facto de estas mulheres indicarem a participação em atividades físicas como uma forma de reconexão com os seus corpos e de empoderamento (Wesely et al., 2000).

A relação entre saúde mental e *embodiment* e, em particular, entre trauma e *embodiment* abre uma janela de oportunidade para o desenho de intervenções corpo-mente dirigidas a pessoas que tenham sido vítimas de experiências traumáticas. A um nível neural, a própria restauração da funcionalidade e conetividade de diversos circuitos cerebrais, afetados por acontecimentos traumáticos, pode ser mediada por atividades focadas na consciência corporal (Payne et al., 2015). De facto, o fortalecimento da consciência corporal e da sua associação com emoções específicas, pode ajudar as pessoas com perturbações relacionadas com trauma a superar o distanciamento emocional e a restaurar o funcionamento normal das redes cerebrais afetadas, entre elas as que envolvem a ínsula (Lanius et al., 2015; Payne et al., 2015). Estudos anteriores reportaram benefícios de intervenções orientadas para o corpo, ao nível da saúde mental de vítimas de trauma ou de pessoas em risco de desenvolver PTSD (Mehling et al., 2018; Winblad et al., 2018). Recentemente, um estudo de multicasos reportou que, após 3 semanas de intervenção de yoga (*Trauma Sensitive Yoga*), os participantes experienciaram uma melhoria na consciência interocetiva e uma diminuição dos sintomas de PTSD, depressão, ansiedade e stress (Neukirch et al., 2019).

Conclusão

Historicamente, mente e matéria (corpo) fora consideradas duas "coisas" diferentes. No presente, a própria ciência moderna teima em continuar a ser influenciada pela visão dualística da natureza humana. Neste capítulo, à boleia das perspetivas do *embodiment*, colocámos em destaque o papel da consciência corporal, da interoceção e de outros constructos corporais, ao nível dos estados emocionais, do bem-estar e da saúde mental. Vimos como a neurociência tem dado contributos inestimáveis para desvendar os mecanismos na base das relações corpo-cérebro-mente-comportamento. Procurámos, ainda, informar sobre o potencial das intervenções de mediação corporal em várias perturbações mentais, com destaque para aquelas relacionadas com o trauma. As intervenções mente-corpo, fortalecem o sistema interocetivo, um mecanismo central na consciência corporal e regulação emocional, e têm impacto considerável na saúde e no bem-estar da pessoa.

Referências bibliográficas

Bruce, S. E., Buchholz, K. R., Brown, W. J., Yan, L., Durbin, A., & Sheline, Y. I. (2013). Altered emotional interference processing in the amygdala and insula in women with Post-Traumatic Stress Disorder [Processo alterado da interferência emocional na amígdala e ínsula em mulheres com Perturbação de Stresse Pós-Traumático]. *NeuroImage: Clinical, 2*, 43-49. https://doi.org/10.1016/j.nicl.2012.11.003.

Chambers, R., Lo, B. C. Y., & Allen, N. B. (2008). The Impact of Intensive Mindfulness Training on Attentional Control, Cognitive Style, and Affect [O impacto do treino intensivo de *mindfulness* no controle da atenção, estilo cognitivo e afeto]. *Cognitive Therapy and Research, 32*(3), 303-322. https://doi.org/10.1007/s10608-007-9119-0

Craig, A. D. (2015). *How do you feel? An interoceptive moment with your neurobiological self* [Como se sente? Um momento de interoceção com o seu *self* neurobiológico]. Princeton University Press.

Damasio, A. (2010). *The self comes to mind: Constructing the conscious brain* [O *self* vem à mente: Construindo o cérebro consciente]. Pantheon Books.

Damasio, A. R., Everitt, B., & Bishop, D. (1996). The somatic marker hypothesis and the possible functions of the prefrontal cortex [A hipótese dos marcadores somáticos e as possíveis funções do córtex pré-frontal]. *Philosophical Transactions of the Royal Society of London. Series B: Biological Sciences, 351*(1346),1413-1420. https://doi.org/10.1098/rstb. 1996.0125.

Dixon, T. (2012). Emotion: The history of a keyword in crisis [Emoções: A história de uma palavra-chave em crise]. *Emotion Review, 4*(4), 338-344. https://doi.org/10.1177/175407391244 5814

Ehrsson, H. H., Wiech, K., Weiskopf, N., Dolan, R. J., & Passingham, R. E. (2007). Threatening a rubber hand that you feel is yours elicits a cortical anxiety response [Ameaçar com uma mão de borracha que é sentida como sua provoca uma resposta cortical ansiosa]. *Proceedings of the National Academy of Sciences, 104*(23), 9828. https://doi.org/10.1073/pnas. 0610011104.

Gallagher, S. (2018). Building a stronger concept of embodiment [Construir um conceito forte de *embodiment*]. In A. Newen, L. De Bruin, & S. Gallagher (Eds.), *The oxford handbook of cognition: Embodied, enactive, extended.* Oxford University Press.

Gibson, J. (2019). Mindfulness, interoception, and the body: A contemporary perspective [*Mindfulness*, interoceção e corpo: Uma perspetiva atual]. *Frontiers in Psychology, 10,* 2012. https://www.frontiers. org/article/10.3389/fpsyg.2019.02012.

Glenberg, A. M. (2010). Embodiment as a unifying perspective for psychology [*Embodiment* como perspetiva unificadora em psicologia]. *WIREs Cognitive Science, 1*(4), 586-596. https://doi.org/10.1002/wcs.55.

Herbert, B. M., & Pollatos, O. (2012). The body in the mind: on the relationship between interoception and embodiment [O corpo na mente: relações entre interoceção e *embodiment*]. *Topics in Cognitive Science, 4*(4), 692-704. https://doi.org/10.1111/j.1756-8765.2012. 01189.x

Lanius, R. A., Frewen, P. A., Tursich, M., Jetly, R., & McKinnon, M. C. (2015). Restoring large-scale brain networks in PTSD and related disorders: A proposal for neuroscientifically-informed treatment interventions [Restaurar redes cerebrais de grande escala em PTSD e nos distúrbios relacionados: Uma proposta para tratamentos informados pela neurociência]. *European Journal of Psychotraumatology, 6*(1), 27313. https://doi.org/10.3402/10.3402/ ejpt.v6.27313

Larsen, R. J., Kasimatis, M., & Frey, K. (1992). Facilitating the furrowed brow: An unobtrusive test of the facial feedback hypothesis applied to unpleasant affect [Franzir a testa: Um teste discreto de feedback facial aplicada ao afeto desagradável]. *Cognition and Emotion, 6*(5), 321-338. https:// doi.org/10.1080/02699939 208409689.

Lewis, G. J., Kanai, R., Rees, G., & Bates, T. C. (2014). Neural correlates of the 'good life': Eudaimonic well-being is associated with insular cortex volume [Correlações neurais da "boa vida": O bem-estar eudaimónico está associado ao volume do córtex insular]. *Social Cognitive and Affective Neuroscience, 9*(5), 615-618. https://doi.org/10.1093/scan/nst032.

Machorrinho, J., Veiga, G., Santos, G., & Marmeleira, J. (2021). Embodiment-related risk factors for Posttraumatic Stress, Anxiety and Depression in female victims of intimate partner violence [*Embodiment* e fatores de risco de stress pós-traumático, ansiedade e depressão em mulheres vitimas de violência do companheiro]. *Journal of Trauma & Dissociation*, 1-17. https:// doi.org/10.1080/ 15299732.2021.1989109.

Machorrinho, J. P., Veiga, G., Santos, G., & Marmeleira, J. (2019). O corpo na mulher vítima de violência doméstica. *Cuestiones de género: de la igualdad y la diferencia*, (14), 207-219.

Marmeleira, J., & Duarte Santos, G. (2019). Do Not Neglect the Body and Action: The Emergence of Embodiment Approaches to Understanding Human Development [Não negligenciar o corpo e a ação: A emergência de abordagens corporais para compreender o desenvolvimento humano]. *Perceptual and Motor Skills, 126*(3), 410-445. https://doi.org/ 10.1177/0031512519834389.

Marmeleira, J., & Veiga, G. (2018). Interocetividade e consciência corporal na resposta ao stress. In C. Candeias, A. Portelada, C. Vaz Velho, E. Galindo, H. Pires, L. Borralho, L. Grácio, N. Costa, K. Reschke, & E. Witruk (Eds.), *Multiple Aproaches to the Study and Intervention in Stress*. Universidade de Évora.

Mehling, W. E., Chesney, M. A., Metzler, T. J., Goldstein, L. A., Maguen, S., Geronimo, C., Agcaoili, G., Barnes, D. E., Hlavin, J. A., & Neylan, T. C. (2018). A 12-week integrative exercise program improves self-reported mindfulness and interoceptive awareness in war veterans with posttraumatic stress symptoms [Um programa de exercícios integrativos de 12 semanas melhora o *mindfulness* auto-reportado e a consciência interocetiva em veteranos de guerra com sintomas de *stress* pós-traumático]. *Journal of Clinical Psychology, 74*(4), 554-565. https://doi.org/10.1002/jclp.22549

Merleau-Ponty, M. (1945/2002). *Phenomenology of perception* [Fenomenologia da percepção]. Routledge.

Michalak, J., Mischnat, J., & Teismann, T. (2014). Sitting Posture Makes a Difference: Embodiment Effects on Depressive Memory Bias [A posição de sentado faz a diferença: Efeitos do *embodiment* no viés da memória depressiva]. *Clinical Psychology & Psychotherapy, 21*(6), 519-524. https://doi.org/10.1002/cpp.1890

Michalak, J., Troje, N. F., Fischer, J., Vollmar, P., Heidenreich, T., & Schulte, D. (2009). Embodiment of sadness and depression: Gait patterns associated with dysphoric mood [*Embodiment* da tristeza e depressão: Padrões da marcha associados ao humor disfórico]. *Psychosomatic Medicine, 71*(5). https:// doi.org/10.1097/ 10.1097/PSY. 0b013e3181a2515c

Michinov, N., & Michinov, E. (2021). Do open or closed postures boost creative performance? The effects of postural feedback on divergent and convergent thinking [As posturas abertas ou fechadas aumentam o desempenho criativo? Os efeitos do feedback postural no pensamento divergente e convergente]. https://doi.org/10.1037/aca0000306

Moran, A., Bramham, J., Collet, C., Guillot, A., & MacIntyre, T. E. (2015). Motor Imagery in Clinical Disorders: Importance and Implications [Imagética motora em distúrbios clínicos: importância e implicações]. *Frontiers in Psychiatry, 6*(23). https://doi.org/ 10.3389/fpsyt.2015.00023

Neukirch, N., Reid, S., & Shires, A. (2019). Yoga for PTSD and the role of interoceptive awareness: A preliminary mixed-methods case series study [Yoga para PTSD e o papel da consciência interocetiva: Um estudo preliminar de método misto]. *European Journal of Trauma & Dissociation, 3*(1), 7-15. https://doi.org/10.1016/j.ejtd.2018. 10.003

Nicholson, A. A., Densmore, M., Frewen, P. A., Théberge, J., Neufeld, R. W. J., McKinnon, M. C., & Lanius, R. A. (2015). The Dissociative Subtype of Posttraumatic Stress Disorder: Unique Resting-State Functional Connectivity of Basolateral and Centromedial Amygdala Complexes [O subtipo da perturbação de stresse pós-traumático dissociativo: Conetividade funcional única em estado de repouso dos complexos basolateral e centromedial da amígdala]. *Neuropsychopharmacology, 40*(10), 2317-2326. https://doi. org/10.1038/ npp.2015.79

Niedenthal, M. (2007). Embodying Emotion [Incorporar as emoções]. *Science, 316*(5827), 1002-1005. https://doi.org/10.1126/science.1136930.

Nummenmaa, L., Glerean, E., Hari, R., & Hietanen, J. K. (2014). Bodily maps of emotions [Mapas corporais das emoções]. *Proceedings of the National Academy of Sciences, 111*(2), 646-651. https://doi.org/10.1073/ pnas.1321664111

Panksepp, J. (2010). Affective neuroscience of the emotional BrainMind: evolutionary perspectives and implications for understanding depression [Neurociência afetiva do *BrainMind* emocional: perspetivas evolutivas e implicações para a compreensão da depressão] *Dialogues in Clinical Neuroscience, 12*(4), 533-545. https://www.ncbi.nlm.nih.gov/pmc/articles/PMC3181 986/

Paulus, M. P., & Stein, M. B. (2010). Interoception in anxiety and depression [Interoceção na ansiedade e depressão]. *Brain Structure and Function, 214*(5), 451-463. https://doi.org/10.1007/s00429-010-0258-9

Payne, P., Levine, P. A., & Crane-Godreau, M. A. (2015). Somatic experiencing: Using interoception and proprioception as core elements of trauma therapy [Experiência somática: Usar a interoceção e a proprioceção como elementos centrais na terapia do trauma]. *Frontiers in Psychology, 6*(93). https://doi.org/10.3389/ fpsyg.2015.00093.

Pollatos, O., & Ferentzi, E. (2018). Embodiment of Emotion Regulation [*Embodiment* da regulação emocional]. In G. Hauke & A. Kritikos (Eds.), *Embodiment in Psychotherapy: A Practitioner's Guide* (pp. 43-55). Springer International Publishing. https://doi.org/ 10.1007/978-3-319-92889-0_4

Price, T. F., & Harmon-Jones, E. (2015). Embodied emotion: The influence of manipulated facial and bodily states on emotive responses [Emoções incorporadas: A influência da manipulação facial e dos estados corporais nas respostas emotivas]. *WIREs Cognitive Science, 6*(6), 461-473. https://doi.org/10.1002/wcs.1370

Schäflein, E., Sattel, H. C., Pollatos, O., & Sack, M. (2018). Disconnected: Impaired interoceptive accuracy and its association with self-perception and cardiac vagal tone in patients with dissociative disorder [Desconectado: Precisão interocetiva afetada e a sua associação com a autopercepção e tónus vagal cardíaco em pacientes com perturbação dissociativa]. *Frontiers in Psychology, 9*(897). https://doi org/ 10.3389/fpsyg.2018.00897

Sharp, P. B., Sutton, B. P., Paul, E. J., Sherepa, N., Hillman, C. H., Cohen, N. J., Kramer, A. F., Prakash, R. S., Heller, W., Telzer, E. H., & Barbey, A. K. (2018). Mindfulness training induces structural connectome changes in insula networks [Treino de mindfulness induz mudanças estruturais no conectoma nas redes da ínsula]. *Scientific Reports, 8*(1), 7929. https://doi.org/10.1038/s41598-018-26268-w

Stepper, S., & Strack, F. (1993). Proprioceptive determinants of emotional and nonemotional feelings [Determinantes propriocetivos de sentimentos emocionais e não-emocionais. *Journal of personality and social psychology, 64*(2), 211. https://doi.org/10.1037/0022-3514.64.2.211

Strack, F., Martin, L. L., & Stepper, S. (1988). Inhibiting and facilitating conditions of the human smile: A nonobtrusive test of the facial feedback hypothesis [Inibir e facilitar condições para o sorriso humano: Um teste não obstrutivo da hipótese do *feedback* facial. *Journal of personality and social psychology, 54*(5), 768. https://doi.org/10.1037/ 0022-3514.54.5.768

Van der Kolk, B. (2014). *The body keeps the score: Mind, brain and body in the transformation of trauma* [O corpo não esquece: Cérebro, mente e corpo na superação do trauma]. Penguin.

Veenstra, L., Schneider, I. K., & Koole, S. L. (2017). Embodied mood regulation: The impact of body posture on mood recovery, negative thoughts, and mood-congruent recall [Regulação do humor incorporado: O impacto da postura corporal na recuperação do humor, nos pensamentos negativos, e na lembrança do humor]. *Cognition and Emotion, 31*(7), 1361-1376. https://doi.org/ 10.1080/ 02699931.2016.1225003

Weineck, F., Messner, M., Hauke, G., & Pollatos, O. (2019). Improving interoceptive ability through the practice of power posing: A pilot study [Melhorar a capacidade interocetiva através da postura de poder: Um estudo piloto. *PLOS ONE, 14*(2), e0211453

Weineck, F., Schultchen, D., Hauke, G., Messner, M., & Pollatos, O. (2020). Using bodily postures to reduce anxiety and improve interoception: A comparison between powerful and neutral poses [A utilização de posturas corporais para reduzir a ansiedade e melhorar a interoceção: Uma comparação entre posturas de poder e neutras]. *PLOS ONE, 15*(12), e0242578. https://doi.org/10.1371/journal. pone.0242578

Wesely, J. K., Allison, M. T., & Schneider, I. E. (2000). The lived body experience of domestic violence survivors: An interrogation of female identity [A experiência vivida do corpo de sobreviventes de violência doméstica: Um questionamento sobre a identidade feminina]. *Women's Studies International Forum, 23*(2), 211-222. https://doi.org/10.1016/S0277-5395(00)00073-X

Winblad, N. E., Changaris, M., & Stein, P. K. (2018). Effect of Somatic Experiencing Resiliency-Based Trauma Treatment Training on Quality of Life and Psychological Health as Potential Markers of Resilience in Treating Professionals [Efeito do treino do tratamento baseado na experiência somática de resiliência sobre a qualidade de vida e bem estar psicológico como potenciais marcadores de resiliência no tratamento de profissionais]. *Frontiers in Neuroscience,12* (70). https://doi.org/10.3389/fnins.2018. 00070

PRISE EN CHARGE DE L'ENFANT PREMATURE
Approche psychomotrice

Nelly Thomas

Lorsque nous pénétrons pour la première fois dans un service de réanimation infantile et de pédiatrie néonatale, nous sommes envahis par l'inquiétude et l'angoisse que nous renvoient les petits, très petits bébés dans leur couveuse. On les appelle les prématurés, bébés nés trop tôt pour pouvoir vivre sans assistance médicale. Parents et professionnels sont exposées à l'urgence vitale qui crée un climat émotionnel très particulier: "La crainte, l'effroi, la sidération et la souffrance montre l'impact du traumatisme sur l'entourage familiale et sur les soignants" (Druon, 1996).

La naissance d'un enfant prématuré survient généralement dans un contexte d'urgence et de drame. Les prématurés ont un cadre de vie très particulier au début de leur vie. Leur survie est presque entièrement due à l'assistance de machines. Il existe une "période sensible" dans le processus d'attachement mère-enfant quand une séparation précoce intervient entre la mère et son enfant, une rupture spatiale entre le corps de la mère et de l'enfant. Cette séparation a des répercussions importantes aussi bien sur le comportement maternel que sur le développement de l'enfant. Toutes les ruptures que subit l'enfant prématuré ne facilitent pas l'adaptation corporelle entre la mère et l'enfant. Cette adaptation corporelle et ce dialogue corporel vont se mettre en place sur un passé d'expériences somatiques douloureux. Les mères primipares apparaissent plus vulnérables.

Les équipes soignantes ont pris conscience de l'importance de favoriser les liens d'attachement entre l'enfant et ses parents le plus précocement possible. L'enfant rêvé pendant la grossesse ne correspond pas à la réalité et devient "l'enfant du cauchemar". L'accouchement prématuré vient bousculer brutalement la fantasmatique maternelle et demande des remaniements intrapsychiques importants. Il s'agit d'un événement qui va perturber la mise en place des interactions parents-enfant, qui va gêner leur accordage réciproque. La mère n'a pas ou peu vu et toucher son enfant. Elle n'a pas construit de représentation mentale par le biais d'un contact direct sensoriel et perceptif. Elle est prise dans des sentiments ambivalents qu'elle n'ose pas toujours avouer: "il faut sauver mon enfant" mais, en même temps, "s'il doit être handicapé, je préfère qu'il meure". La crainte de la survie mais a quel prix est constamment présent.

La mère se retrouve seule à la maternité avec ses angoisses, dans l'attente de nouvelles que va lui donner son mari. Toute la joie qui entoure une naissance lui devient insupportable et elle se culpabilise en se dévalorisant dans sa fonction de mère. Carel (1974) a décrit le désarroi des mères d'enfants prématurés dans les jours qui suivent la naissance. Cet auteur distingue d'une part la réaction de "confusion existentielle" faite d'un sentiment de flou, de vide avec un malaise, une perte relative de sens de la réalité, une désorientation temporo-spatiale et d'autre part la "maternité blanche" dans laquelle la mère ne paraît pas souffrir de l'absence de l'enfant et vit l'accouchement comme une banale intervention. Elle s"nquiète peu de l'enfant, ne pose pas de questions. Cette absence d'affection est en réalité une défense contre l'angoisse aisément perceptible quand la mère doit s'occuper de l'enfant.

Winnicott (1956/1969) parle de "préoccupation maternelle primaire" pour décrire la réaction psychologique qui permet à la mère de "se mettre à la place de son enfant et de répondre à ses besoins. Ce sont d'abord des besoins corporels qui se transforment progressivement en besoins du moi, au fur et à mesure qu'une psychologie naît de l'élaboration imaginative de l'expérience physique". Les réactions de "confusion existentielle" ou de "maternité blanche" pourraient se comprendre comme la conséquence d'une réaction de la "préoccupation maternelle primaire" privée de son objet, c'est-à-dire de son bébé.

Les services de réanimation néonatale tendent à faire des efforts pour favoriser l'établissement le plus précocement possible de la relation parents-enfant: ouverture des services aux parents, participation aux soins, écoute des parents, prise d'une photographie du nouveau-né pour être remise à la mère par l'intermédiaire du père. Granboulan (1995) explique que cette photographie a le grand avantage de fournir à la mère un support qui lui facilite la représentation psychique de son enfant. Le résultat clinique le plus marquant est la quasi-disparition du syndrome confusionnel décrit par Carel (1974). Les premiers contacts, surtout visuels et corporels avec le bébé, permettent d'effacer la confusion et d'atténuer le sentiment anxieux et dépressif. Par contre, la "maternité blanche" persiste où l'état traumatique de la naissance prématurée met les parents dans une apparente normalisation rassurante. En réalité, les parents et surtout la mère, éprouvent des sentiments partagés à l'égard des personnes qui sont à l'intérieur de la "bulle". La mère est le plus souvent admirative et reconnaissante à l'égard de quelqu'un qui peut prodiguer des soins si délicats à son enfant, d'autant plus que elle-même pense avoir été incapable de préserver la vie. La mère éprouve des sentiments de culpabilité et de dévalorisation narcissique. Cette blessure narcissique est une constante qui peut être à l'origine d'une période dépressive. Certaines mères peuvent se cacher derrière un comportement euphorique ou une hyperactivité qui masque la dépression.

Les premiers signes d'interactions avec le bébé passent par des signaux corporels qu'il faut se donner les moyens d'observer avec attention. Le bébé passe d'un "tout sensorial" où tous ses sens sont en alerte, à un stade plus élaboré de la vie psychique en construction. Le bébé éprouve dans son corps des émotions sous formes de sensation, qu'il manifeste par des mouvements ou des mimiques que la mère va apprendre à décoder pour y répondre. La genèse du développement de l'enfant se situe d'abord au niveau sensori-moteur, émotionnel, perceptif pour aller vers la pensée, la mise en place du psychisme, puis des premières pensées. Selon Bick (1968) "l'état mental et corporel du nourrisson est un 'continuum' et la plupart des choses que l'on ressent émotionnellement sont d'abord ressenties naturellement par le corps et puis doivent être en quelques sortes analysées".

Chez le prématuré, le corps est l'objet d'un intérêt particulier. Les soins sont indispensables mais souvent temporairement douloureux. Quand le corps est douloureux ou soumis à des soins réguliers, cela affectera son expression, son vécu corporel, son système perceptif. Les soins sont indispensables à la survie des prématurés mais ces stimulations s'engramment dans le vécu corporel de l'enfant. Un bébé en difficulté physique utilise toutes ses ressources pour sa survie, pour lutter, se protéger contre les agressions dont il est l'objet. Druon (1996) pense "que ces stimulations seront très probablement refoulées - dans cette mémoire inconsciente que tout être humain porte en lui - si la relation avec les parents s'instaure dans de bonnes conditions, une fois passées les heures dramatiques de la naissance".

Le vécu de l'hospitalisation du bébé dépend de la façon dont les parents vont vivre cette séparation et pouvoir mettre en place les liens d'attachement nécessaire à l'équilibre psychique de l'enfant. Le devenir du prématuré est tributaire des possibilités maternelles à intégrer le traumatisme de l'événement. Comment les parents vont pouvoir dépasser "l'ici et le maintenant" pour se projeter dans l'avenir avec des projets. Plus la mère est capable d'étayer son enfant dans l'épreuve, moins le traumatisme sera fort. Un enfant qui se sent aimé, soutenu, entouré affectivement montrera des signes de reconnaissances et l'envie de lutter contre la maladie.

"Si les bébés sont capables de ressentir la souffrance; s'ils sont sujets à l'angoisse, s'ils peuvent répondre à une demande de communication, on ne peut plus éluder la question de ce qui demeurera en eux de leurs premières expériences de vie, de ces semaines initiales passées dans une unité de soins intensifs" (Druon, 1996). Il faut être cependant très prudent avant d'affirmer que l'enfant garde des traces des diverses expériences corporelles vécues durant son hospitalisation. On ne peut que constater que chaque bébé réagit de manière très différente et que toutes ces stimulations agressives seront la plupart du temps refoulées. Mais y a-t-il un lien à faire entre toutes ces stimulations et une certaine hyperactivité, difficulté de concentration voire instabilité, que l'on décrit dans le syndrome de l'ancien prématuré? L'axe du corps est l'axe du développement, notamment dans l'organisation des données perceptives comme la notion du corps propre, la latéralité, l'espace, etc. Le bébé prématuré repose passivement sur le matelas. Il découvre son corps à travers des expériences sensori-motrices différentes d'un enfant né à terme. Il oscille entre des sensations de confort-inconfort et plaisir-déplaisir où son système sensoriel est en permanence mis en éveil par les soins. Il est engagé dans la passivité, il subit la perte, le manque et, en opposition un trop plein d'excitation. L'équilibre se fera si les parents et le personnel soignant savent observer et répondre à l'expression des états émotionnels du bébé qui constituent le premier mode de communication de l'enfant.

L'intervention psychomotrice auprès des bébés prématurés

Mon intervention psychomotrice se déroule dans la chambre du bébé en présence des parents pour expliquer mon travail et pouvoir mettre en mots ce qui se passe. Il s'agit de "faire connaissance" avec le bébé et ses parents. Chaque enfant s'inscrit dans une histoire qu'il faut respecter. Les premières rencontres vont se situer au niveau de l'observation du bébé dans un but préventif pour analyser ses modes de fonctionnement au niveau relationnel et au niveau des compétences.

Au niveau relationnel

La naissance d'un enfant prématuré vient bousculer toute la mise en place de la communication tonico-perceptivo-motrice entre l'enfant et l'entourage (familial-soignant). Les interactions directement observables se situent dans trois principaux registres: corporel, visuel, vocal (Lebovici, Mazet, Visier, 1989).

Les ***interactions corporelles*** concernent la façon dont le bébé est tenu, porté. Winnicott (1956) parle de holding physique et de holding psychique, c'est-à-dire comment la mère porte son bébé dans sa tête au niveau de ses représentations psychiques. Il décrit aussi le handling, la manière dont l'enfant est soigné, manipulé par la mère. Un ensemble de jeux corporels va s'organiser. Ajuriaguerra (1970) parle de dialogue tonique permettant des ajustements corporels interactifs entre l'enfant et sa mère. En service de réanimation infantile et de pédiatrie néonatale, le dialogue tonico-émotionnel est modifié par des changements de posture difficile pour l'enfant qui entraînent une fatigue, une aisance corporelle diminuée par la présence des scopes, de la sonde gastrique, de la perfusion, du cathéter central, etc... L'adaptation posturale est difficile, les modes de portage diminués, les attitudes et gestuelles de la mère sont modifiées.

Les *interactions visuelles*, c'est-à-dire le dialogue œil à œil représente l'un des modes privilégiés de communication entre l'enfant et la mère induisant des affects chez cette dernière. Winnicott (1975) a introduit la notion de "miroir du visage de la mère: la mère regarde le bébé et ce que son visage exprime est en relation directe avec ce qu'elle voit". Le regard est un organisateur qui fonde la première relation d'objet. Le bébé prématuré renvoie une image d'enfant malade, enfant en souffrance dans son incubateur qui passe de long moment à dormir. Les parents doivent s'adapter à cette situation et dans les rares moments d'éveil favoriser les interactions visuelles. Nous pouvons observer chez certains prématurés hospitalisés de longues semaines une fuite du regard avec des mécanismes d'agrippement sensoriel (attirance pour une brillance, le reflet d'un tuyau ou d'une vitre). Druon (1995) émet l'hypothèse que: "les bébés malades risquent, de manière défensive inconsciente, de ne pouvoir s'organiser face à l'orage sensoriel qui les submerge, et de se retirer en eux-mêmes, un peu à la manière d'un enfant atteint d'autisme, qui renonce par souffrance à établir une relation avec l'autre au profit d'un collage adhésif à une surface". L'observation de ces mécanismes de défense est importante pour éviter l'installation d'une surcharge psychopathologique.

Les *interactions vocales* sont des modes privilégiés de communication qui traduisent des besoins et des affects chez le bébé permettant d'exprimer ses désirs. La voix donne un tempo à l'interaction qui va permettre à l'enfant d'anticiper et de s'organiser. Les interactions vocales sont importantes pour l'harmonisation de la relation. Stern (1989) parle d'accordage affectif entre la mère et l'enfant. L'incubateur, les ports de masque vont modifier les interactions vocales. Les parents n'osent pas toujours parler par sidération, angoisse devant l'état de l'enfant. Il faut être vigilant pour que les parents ne désinvestissent pas ce mode de communication.

Par la mise en mots de l'observation des capacités interactives du bébé, le psychomotricien rend présent l'enfant comme partenaire actif même si son potentiel est diminué par la maladie. L'observation est un temps partagé avec les parents et nous sommes dans une relation thérapeutique, support identificatoire qui peut renforcer le narcissisme des parents. Ce temps d'écoute et de parole permet un autre regard: regard sur le corps, regard différent par rapport à la maladie. Au travers de ce nouveau regard, l'enfant peut réinvestir son corps différemment.

Au niveau des compétences

L'observation des compétences de l'enfant en présence de ses parents permet de mieux le connaître et donc de le comprendre. L'évaluation neuro-psychomotrice apprécie la spécificité dynamique du bébé en mettant en évidence ses dysfonctionnements, mais surtout en s'efforçant de repérer ses compétences et en faisant émerger ses potentialités. L'évaluation éclaire également la dynamique relationnelle entre le bébé et ses partenaires, en tant que reflet du développement psychoaffectif du bébé.

Pour l'évaluation neuro-psychomotrice, je m'appuie sur les travaux D'Amiel-Tison (1997,1998,1999), Amiel-Tison et Grenier (1985), Brazelton (1983), Dargassies (1979), Vaivre-Douret (1997) qui ne sera pas détaillé dans cet article. L'évaluation des compétences de l'enfant en psychomotricité se fait par:

- L'observation de l'activité spontanée et des capacités interactives;
- L'observation de la normalité neuro-psychomotrice au travers de l'examen du tonus passif et actif;
- les réactions posturales globales.

L'intérêt d'un tel examen, réalisé en plusieurs fois, est de faire le point ensemble sur les possibilités interactives et développementales de l'enfant afin d'établir un projet.

Les séances de psychomotricité

Elles sont hebdomadaires quand l'état médical de l'enfant le permet. Le jour et l'heure sont choisis avec les parents et indiqués dans la chambre de l'enfant pour permettre au personnel soignant d'organiser les soins en fonction de la séance. Les parents sont présents comme partenaires actifs auprès de leur enfant. Il s'agit de mettre l'enfant en situation d'éveil et d'attention puis de solliciter ses capacités psychomotrices. Au début, les parents sont observateurs, posent des questions et me laissent mener la séance. Il est difficile pour les parents de reconnaître les compétences de leur enfant, car le langage du corps est modifié par l'hospitalisation. Les parents découvrent leur enfant avec des possibilités interactives et sensori-motrices.

Avant chaque séance, un entretien avec l'infirmière est indispensable pour connaître l'état médical de l'enfant. Les séances se déroulent dans une atmosphère où l'enfant doit se sentir en sécurité et en confiance. C'est un moment privilégié dans lequel l'enfant éprouve du plaisir. Souvent, quand j'arrive dans la chambre, j'entends les parents dire "c'est l'heure de travailler". Il ne s'agit pas bien sûr d'un travail à accomplir, mais bien d'amener l'enfant à participer au travers du jeu, à découvrir ses possibilités psychomotrices. L'essentiel n'est donc pas d'être "efficace" mais de donner du plaisir. Le plaisir ainsi mis en évidence devant les parents étonnés, va se partager avec eux et revenir en feed-back. Cela demande d'être à l'écoute de l'enfant et de l'observer. Le psychomotricien s'adapte au rythme et à la personnalité de l'enfant. Il faut suivre son évolution sans tenir compte de son âge mais plutôt de son niveau de développement pour le valoriser. Les activités mettent en jeu la dynamique relationnelle et le niveau d'évolution motrice. Les gestes sont simples et doivent s'intégrer dans une situation ludique. En s'adaptant au rythme et à la personnalité de l'enfant, le psychomotricien favorise son épanouissement et accompagne son développement. Les parents apprennent à procurer du plaisir et ont le sentiment d'être utile pour le développement de leur enfant. En général, ils refont les séquences ludiques assez facilement mais il faut être très vigilant au débordement pour que l'activité ne devienne pas surexcitation. La notion "plus je stimule, plus il sera en avance" est bien présente dans la tête des parents. Il faut expliquer aux parents la nécessité de respecter l'immaturité des compétences; la chronologie des étapes de développement; la notion de "période sensible", c'est-à-dire un enfant est plus réceptif à certains moments que d'autres; le désir de l'enfant. Heureusement, l'enfant a des moyens de "désengager" la relation en cas de surstimulation: fuite du regard, inattention, somnolence, agitation motrice, pleurs ... A l'inverse un enfant qui éprouve du plaisir dans une activité est attentif, collabore, et sa joie est évidente. Il s'engagera corporellement et psychiquement. Il est essentiel pour le psychomotricien de transmettre aux parents ces repères.

Depuis 1982, le Docteur ALS, travaillant à Boston avec l'équipe du Docteur Brazelton, propose un cadre théorique afin de mieux comprendre les comportements de l'enfant prématuré. L'environnement néonatal expose le prématuré à des expériences stressantes et inappropriées pour son niveau de développement. Le Docteur ALS a mis au point un programme d'évaluation et de soins du développement individualisée du nouveau-né prématuré (NIDCAP) centré sur l'enfant prématuré et sa famille concernant 4 domaines: l'environnement de l'enfant, les postures et les manipulations, le sommeil, la relation parents-enfant. Les soins du développement ont pour but de réfléchir sur l'organisation des soins de l'enfant et de promouvoir un développement neuro-comportemental optimal. Le rôle primordial pour les soignants réside dans la capacité d'observer et d'évaluer les signes de stress (trémulations, désorganisation motrice, accès de pâleur ou cyanose, hoquet, bâillement, hyperexcitabilité, apnée, bradycardie, ...) et d'adaptation pour construire un plan de soin qui répondra aux capacités d'adaptation de l'enfant. Les travaux du Docteur ALS sont peu connus en Europe. Ils ont le mérite de faire réfléchir les équipes sur l'observation du comportement du prématuré pour mieux répondre à ses besoins. Le psychomotricien, par l'observation de la communication tonico-perceptivo-motrice de l'enfant, participe avec l'équipe à l'humanisation des soins en service de néonatalogie en repérant les signes de désorganisation comportemental.

Le toucher sensorial

Au début de l'hospitalisation, les parents ne touchent pas leur enfant, ils n'osent pas. Ils sont devant un être qui leur est presque étranger, et qui leur paraît tellement fragile. Ils sont dans un état de sidération dû au traumatisme de la naissance d'un enfant prématuré. Pourtant, c'est au cours des premiers mois de la vie que s'édifie chez l'enfant une "sécurité de base", sécurité avant tout corporelle qui se noue au cours des premiers échanges de l'enfant avec son environnement et en premier lieu sa mère. La recherche du contact entre la mère et le bébé est un facteur essentiel du développement affectif, cognitif, et social pour l'enfant. Quand ce contact est modifié par les conditions d'hospitalisation nécessaire à la survie de l'enfant, c'est au personnel soignant d'inviter les parents à cette approche corporelle par le toucher. Le personnel soignant est sensibilisé à cette approche et initie les parents. Le toucher permet au personnel de percevoir les bébés différemment dans une dynamique relationnelle et le sens du toucher prend une autre place dans les soins.

Les soins cutanés précoces jouent un rôle important chez l'enfant dans la mise en place de son appareil psychique. Les caresses, les manipulations favorisent la mise en place des enveloppes psychiques, la discrimination du dedans-dehors, du soi-non soi. La peau du bébé ainsi investie lors des gestes maternants prend une valeur contenante, limitante, entre un monde intérieur siège du psychisme et le monde extérieur. La mère qui rassure son bébé en le touchant, qui le délimite, ne fait pas que le relaxer. Ce toucher est chargé de sens, d'affects et source de stimulations comme de transformations biochimiques bénéfiques à son développement. Toutes les sensations corporelles sont autant de points de repères dont le bébé à besoin, qu'il intériorise pour se structurer.

Le toucher sensoriel consiste en un toucher global du corps avec de l'huile d'amande douce pour hydrater la peau. Le contact visuel et vocal avec le bébé sont maintenus en permanence pendant la séance. Le toucher employé doit être plus un effleurage qu'un véritable massage, en utilisant plutôt la paume de la main que le bout des doigts. Le toucher avec les doigts est plus excitant que la paume des mains qui offre un contact plus global et plus rassurant. Les mouvements d'effleurage doivent être coulants et harmonieux. Bien sûr, il existe des techniques particulières au niveau de l'approche corporelle par le toucher, mais ce n'est pas le plus important. L'essentiel se situe au niveau du partage, de la communication, de la relation qui s'instaure avec le bébé. Il faut être simplement attentif aux besoins du bébé et se laisser guider par les mouvements du bébé et sa propre sensibilité. Tout simplement en posant la mains, la paume bien à plat sur le corps du bébé, en ne caressant pas et en nommant la partie du corps ainsi identifié, cela donne un point d'ancrage, de reconnaissance de son propre corps.

Dans le service, l'équipe favorise le toucher et le contact peau à peau. Chaque fois que c'est possible et sans danger pour l'enfant, les parents devraient avoir l'occasion de mettre leur empreinte sur leur enfant, de le toucher, de le caresser, de le soutenir. La fatigue, l'émotion ou l'inhibition ne permet pas toujours de verbaliser ce que ressentent les parents. Cela peut passer par le toucher qui est de l'ordre de la reconnaissance, de la tendresse, de l'acceptation, des premiers pas de l'accordage. Le toucher permet également de lutter contre l'isolement ressenti par le bébé, seul dans sa couveuse. Pour les parents, c'est un acte d'amour qui favorise la création de liens solides entre eux et l'enfant. Il permet aussi d'être plus à l'aise avec le corps de leur bébé et de moins appréhender pour le prendre dans les bras.

Les modes de portage

Les modes de portage sont rares au début de l'hospitalisation en raison des contraintes médicales. Se sont des moments privilégiés où les liens affectifs et relationnels se construisent, favorisant la dynamique de l'attachement et la capacité d'empathie. Ils répondent au besoin fondamental de l'enfant de se sentir soutenu et enveloppé, en sécurité émotionnelle. Deux notions essentielles vont se dégager dans les modes de portage: la notion de sécurité de base et la notion de mouvement d'enroulement.

La sécurité de base concerne l'effet apaisant de la position des mains de l'adulte au cours du portage. Le maintien de l'enfant par sa base, c'est-à-dire sous les fesses, lui donne un sentiment de confiance. L'autre main est positionnée sous la tête englobant la nuque. La colonne vertébrale ainsi soutenue par deux points (tête-fesses) se redresse et favorise la perception de l'axe corporel. Même si le bébé ne peut pas sortir de sa couveuse, il est possible de pratiquer cet enveloppement corporel. Lors des déplacements il faut veiller à préserver cet axe pour assurer une continuité d'être. Dans le cas contraire des cris peuvent manifester cette perte de sécurité et provoquer des états d'excitation chez le bébé (déclenchement du réflexe de Moro, pleurs, ...). Le soutien de la nuque permet de libérer l'enfant de sa motricité réflexe, favorise la détente neuro-musculaire et augmente l'état de vigilance. Les mains ainsi positionnées rappellent le contact du foetus avec la paroi utérine, assurant les fonctions d'enveloppe et de maintien. Le mouvement d'enroulement s'inscrit dans un processus d'intégration motrice, favorisant la construction du schéma corporel. L'enroulement se réalise grâce à une suite coordonnée de séquences motrices qui rassemble les parties du corps. Par une série de mouvements enroulés, spiralés, le bébé va sentir des positions et des déplacements dans l'espace que sa motricité primaire, pauvre et limitée, lui empêche d'exécuter par lui-même. Le mouvement d'enroulement procure une sensation de globalité et d'unité qui permet à l'enfant d'éprouver le plaisir de se sentir bien corporellement. Ce contact harmonieux communique au porteur et à l'enfant un sentiment de complétude qui favorise la dynamique relationnelle.

Il existe différents modes de portage ou positions inhibitrices qui limitent les schèmes d'extension entraînant l'excitabilité et les pleurs de l'enfant. La position demi-assise et la position Bouddha sont souvent utilisées permettant un relâchement musculaire global et une attention soutenue de l'enfant en favorisant l'enroulement axial à partir des points de sécurité de base (tête-fesses).

Avant de prendre un bébé, un certain nombre de gestes préparatoires sont à accomplir. La prise de contact est progressive, par la voix et le contact visuel pour le prévenir de notre présence. Plus le bébé est petit, plus les gestes sont lents s'adaptant à la dynamique motrice et relationnelle. Le passage d'une situation posturale à une autre se fait par la maîtrise des schèmes neuro-moteur par les mouvements d'enroulement et le transport du poids du corps d'un point d'appui à l'autre, comme le réalise l'enfant plus grand dans l'acquisition des grandes étapes de son développement psychomoteur. Lorsqu'on repose le bébé, l'accompagnement se fait jusqu'au bout, en se retirant progressivement de telle sorte que le bébé sente toujours le contact soit par les mains de l'adulte, soit par le plan du lit. La détente obtenue au cours du portage est alors préservée et favorise l'endormissement de l'enfant.

Le positionnement

L'intervention psychomotrice au niveau du positionnement s'inscrit dans le cadre d'un modèle de développement du nourrisson (observation-évaluation). Le positionnement adapté est un moyen thérapeutique de placer le nourrisson dans son monde, de manière à satisfaire les principes du développement neuro-moteur normal et accroître le nombre d'expériences sensori-motrices normales vécues par le nourrisson. Les objectifs généraux du positionnement du prématuré se sont axé principalement sur le confort, la prévention orthopédique et l'éveil du bébé.

Le prématuré présente une hypotonie globale qui le rend vulnérable à l'effet de gravité. Le prématuré place les membres inférieurs en position "en grenouille" ou "attitude batracien" associant flexion et rotation externe extrêmes des hanches et des genoux. Les travaux de Grenier (1988) ont bien démontré les effets de la position dite "en grenouille" du prématuré à cerveau lésé, par la présence de raccourcissement musculaire acquis en période de convalescence, notamment au niveau des muscles fléchisseurs et adducteurs des hanches, pouvant ainsi entraver le devenir de marche de l'enfant. C'est ainsi que Grenier (1988) a proclamé de positionner les prématurés en position de fonction: hanches soutenues en flexion abduction et rotation externe modérée qui est la position spontanée adoptée par le nouveau-né à terme et bien portant. Ainsi, les genoux et le bassin ne doivent jamais se trouver alignés sur le même plan. Les travaux de Vaivre-Douret (1994) ont pu conforter d'un point de vue développemental tout l'intérêt de mieux positionner le nouveau-né, qu'il soit à terme ou prématuré.

Le cocon maison a donc été encouragé, pas seulement pour satisfaire un plaisir esthétique d'entourage de l'enfant en apportant des contacts réassurants sur son corps, mais surtout pour favoriser un développement harmonieux des fonctions psychomotrices du bébé:

- normaliser le tonus musculaire en brisant les patrons de mouvements anormaux (patron d'extension par exemple qui génère de l'inconfort au bébé et qui amène une désorganisation sur le plan comportemental, avec une irritabilité accrue pouvant aussi favoriser l'augmentation de la spasticité musculaire) et en favorisant un équilibre entre les groupes musculaires;
- respecter l'axe orthopédique de chaque articulation;
- encourager la symétrie de l'axe tête-cou-tronc;
- prévenir et/ou corriger les déformations de la boîte crânienne;
- éviter les moyens de contention;
- prévenir les escarres;
- encourager l'éveil face à l'environnement (exploration visuelle, tactile);
- encourager le développement de la conscience du corps par les limites apportées par le cocon, apportant une sécurité de base et une enveloppe corporelle;
- augmenter les interactions sociales avec les parents et le personnel soignant;
- faciliter les activités de la vie quotidienne (bain, change, alimentation).

Le cocon maison est une première étape dans le positionnement mais qui ne satisfait pas complètement au niveau de la prévention posturale. Depuis deux ans, l'équipe a adopté un nouveau dispositif mis au point par Vaivre-Douret (1998) sous la gamme CoconouR. Actuellement, le NidouR est utilisé en position dorsale ou latérale.

L'intervention du positionnement débute toujours par l'observation du bébé dans son attitude spontanée, s'assurer de la stabilité des signes vitaux, et il est nécessaire de surveiller son installation vis-à-vis de la tolérance au positionnement (stress, points de pression, rougeurs, etc.). Le cocon est une méthode d'installation qui doit rester modulable. Il s'adapte a chaque enfant en fonction de son poids, des soins, de ses possibilités et des événements de la journée. Quand l'état de santé de l'enfant le permet, il est conseillé d'alterner les positions: surtout dorsal et latéral pour permettre un équilibre musculaire et limiter les plagiocéphalies.

Devenir psychomoteur des enfants prématurés – intérêt du dépistage précoce

Que deviennent tous ces bébés prématurés? Le pronostic vital et fonctionnel de ces enfants est en constante amélioration depuis plusieurs décennies, et particulièrement depuis la fin des années 1990, aussi bien en Amérique du Nord (Robertson et al., 2007) qu'en Europe (Platt et al., 2007). Si la plupart des enfants prématurés ont un devenir semblable à celui des enfants nés à terme, les plus immatures sont encore exposés à des risques de troubles du développement.

L'évaluation précoce des compétences neuropsychomotrices du bébé prématuré permet de repérer très tôt des signes prédictifs de risque, mais une formation en neurodéveloppement est indispensable. Ces signes peuvent s'observer dans différents domaines: cognitif, comportemental, neuromoteur ou sensoriel. Il est nécessaire de prendre le temps d'examiner un grand nombre d'enfants afin d'acquérir l'expérience nécessaire pour comprendre les schémas de développement. Les grands prématurés sont les plus exposés à des séquelles neurosensorielles: longue hospitalisation (2-3 mois), pathologies fréquemment intriquées, difficultés psychosociales, familles déstabilisées. Actuellement, dans notre unité néonatale, ce suivi a lieu à 4 mois (âge corrigé AC), 1 an (AC), 2 ans (AC), 3 ans et 4 ans. Depuis janvier 2013, nous avons mis en place un réseau de suivi des enfants vulnérables dont l'objectif est de former des "médecins pilotes" de ville pour suivre ces enfants jusqu'à 7 ans. Le suivi est organisé pour tous les enfants qui naissent avant 33 semaines, les retards de croissance intra-utérin, les pathologies neurologiques, les asphyxies néonatales.

Depuis plus de 15 ans, les consultations à l'hôpital sont multidisciplinaires: le partenariat pédiatre-psychomotricienne permet un décloisonnement des professions, une observation conjointe de l'enfant et de ses parents. L'organisation du dépistage des troubles éventuels s'en trouve améliorée. Après plusieurs années de fonctionnement, nous avons appris à travailler ensemble, à respecter l'identité professionnelle de chacun, à nous ajuster l'un à l'autre pour créer une certaine harmonie dans la consultation. Elle dure environ 1 heure, temps minimum pour écouter les parents, échanger autour de l'enfant, et répondre au besoin éventuel d'information. Cette consultation est un événement important pour les parents, qui permet de faire le point sur le devenir neurodéveloppemental de leur enfant après une hospitalisation néonatale longue.

Pendant l'hospitalisation, les parents posent des questions mais la naissance prématurée est vécue comme un drame et leur questionnement s'oriente davantage sur le risque vital et le pronostic global (risque ou non de handicap). Les parents sont alors informés du suivi du développement psychomoteur de leur enfant prévu après la sortie de l'hôpital. Un document, expliquant les buts et objectifs de ces consultations, leur est remis. Après l'hospitalisation, les questions changent et s'orientent sur le devenir de l'enfant et son intégration dans un projet de vie. L'inquiétude est parfois présente, générée par la situation d'évaluation.

Les parents peuvent être tour à tour spectateurs et acteurs de l'examen de leur enfant en sollicitant ses capacités à jouer ou en le calmant. Le regard que nous portons sur le bébé et notre attention soutiennent les parents dans leur capacité d'observation du développement de leur enfant. Ils découvrent leur bébé dans de nouvelles situations motrices, s'étonnent de ses compétences. L'évaluation devient pour eux un support identificatoire: elle n'est pas un verdict où tout serait dit et fixé? Nous gardons toujours à l'esprit la notion de convalescence des bébés à risque, avec de possibles signes transitoires pendant la première année. En fonction de l'histoire néonatale (durée d'hospitalisation, interventions chirurgicales, séquelles respiratoires), le temps de récupération est plus long et l'évaluation différente. La consultation permet de mettre des mots sur les particularités du développement global du bébé: elle aide les parents à percevoir où en est l'enfant dans les différentes étapes de son développement. De plus, la notion d'âge corrigé perturbe souvent les parents en modifiant le calendrier des acquisitions psychomotrices.

Ce temps de consultation partagé avec les parents est essentiel. Il est un complément indispensable aux nombreuses techniques mises en œuvre à la naissance de ces prématurés. La lourdeur des soins de réanimation impose une évaluation à plus long terme pour s'assurer de la mise en place des différentes étapes du développement tant Physique que psychique. Il permet souvent de dédramatiser des situations angoissantes après un séjour hospitalier long et de rassurer quant au devenir développemental de l'enfant. Il permet la continuité du lien établi lors de l'hospitalisation entre l'enfant, les parents et les soignants.

Conclusion

La prise en charge en psychomotricité dans un service de réanimation infantile et de pédiatrie néonatale apporte un soutien aux parents dans l'établissement de leur relation auprès de l'enfant, leur permet d'avoir un regard différent et les encourage dans leur fonction de maternage. Le psychomotricien intervient dans un but préventif, thérapeutique et éducatif auprès des prématurés impliquant les parents tout au long de l'hospitalisation. Le champs d'intervention du psychomotricien est vaste et varié:

- évaluation précoce des compétences neuropsychomotrices susceptible de rassurer les parents et d'aider à prendre contact avec le bébé en offrant un support identificatoire au travers de l'observation partagée;
- donner des conseils sur le positionnement et les modes de portage dans un respect du développement psychomoteur;
- donner des conseils et permettre un apprentissage dans le repérage dans des signes de stress, de détente, d'attention et de vigilance du bébé au travers d'activités ludiques adaptées a son niveau de développement;
- étayer les parents dans leur fonction de pare-excitation en partageant des temps d'observation et d'écoute permettant aux parents de créer un espace relationnel où chacun peut se retrouver et communiquer;
- proposer des prise en charge corporelle en favorisant les interactions ludiques visuelles, vocales, vestibulaires et tactiles visant la mise en place du principe de plaisir qui doit contribuer à la croissance de l'appareil psychique;
- sensibiliser l'équipe à l'intérêt d'une prévention des troubles relationnels secondaires à l'hospitalisation;
- assurer le suivi systématique des anciens grands prématurés dans un soucis de mieux repérer les signes

prédictifs de risques tant sur le plan neuropsychomoteur que sur le plan relationnel.

Le travail du psychomotricien doit se faire dans une étroite collaboration avec l'ensemble de l'équipe soignante du service pour mieux répondre aux besoins de l'enfant hospitalisé et de sa famille.

Références bibliographiques

Ajuriaguerra, J. (1970). *Manuel de psychiatrie de l'enfant*. Masson.

Als, H. (1984). *Manuel for the naturalistic observation of newborn behavior (preterm and fullterm)* [Manuel pour l'observation naturaliste du comportement du nouveau-né (prématuré et né à terme)]. The Children's Hospital, Boston.

Als, H., Duffy, Fh., & McAnulty, Gb. (1996). Effectiveness of individualized neurodevelopmental care in the newborn intensive care unit [Efficacité des soins neurodéveloppementaux individualisés en unité de soins intensifs néonatals]. *Acta Pediatric*, 416, 21-30. https://doi.org/10.1111/j.1651-2227.1996.tb14273.x

Als, H. (1986). A synactive model of neonatal behavioral organization: Framework for the assessment of neurobehavioral development in the premature infant and for support of infants and parents in the neonatal intensive care environment [Un modèle synactif d'organisation comportementale néonatale: Cadre pour l'évaluation du développement neurocomportemental chez le nourrisson prématuré et pour le soutien des nourrissons et des parents dans l'environnement de soins intensifs néonatals]. *Physical & Occupational Therapy in Pediatrics, 6*(3-4), 3–53. https://doi.org/10.1300/J006v06n03_02

Amiel-Tison, C. (1999). *Neurologie périnatale*. Masson.

Amiel-Tison, C., & Gosselin J. (1998). *Développement neurologique de la naissance à 6 ans: manuel et grille d'évaluation*. Hôpital Sainte-Justine, Montréal.

Amiel-Tison, C., & Grenier, A. (1985). *Surveillance neurologique au cours de la première année de vie*. Masson.

Bick, E. (1968). Le vécu de la peau dans les toutes premières relations d'objet. In M. Haag, *A propos des premières applications françaises de l'observation régulière et prolongée d'un bébé dans sa famille*, 1984.

Brazelton, T.B. (1983). Echelle d'évaluation du comportement neonatal. *Neuropsychiatrie de l'Enfance*, 91, 61-96.

Berges, J., Lezine, I., Harrisson, A., & Boisselier F. (1964). Le syndrôme de l'ancien prématuré. *Revue de Neuropsychiatrie*, 11, 719-777.

Carel, A. (1974). *Périnatalité psychique, surveillance neuropsychique des nouveau-nés à risque* (Thèse doctoral). Université de Lyon, Paris.

Druon, C. (1996). *A l'écoute du bébé prématuré: Une vie aux portes de la vie.* Aubier.

Gauberti, M. (1993). *Mère-enfant: À corps et à vie.* Masson.

Granboulan, V., Danan, C., Dassieu, G., Janaud, J.-C., & Durand, B. (1995). Prise en charge psychique de l'extrême prématurité. *Archives Pédiatriques,* 2(5), 473-480. https://doi.org/10.1016/0929-693X(96)81185-7

Grenier, A. (1988). Prévention des déformations précoces de hanche chez les nouveau-nés à cerveau lésé. *Annales de Pédiatrie, 35*(6) 423-427.

Lebovici, S., Mazet, Ph., & Vissier J.-P. (1989). *L'évaluation des interactions précoces entre le bébé et ses partenaires.* Eshel.

Platt, M.J., Cans, C., Johnson, A., Surman, G., Topp, M.G., & Krageloh-Mann, I. (2007). Trends in cerebral palsy among infants of very low birthweight (<1500g) or born prematurely (<32weeks) in 16 European centres: a database study [Tendances de la paralysie cérébrale chez les nourrissons de très faible poids de naissance (<1500g) ou nés prématurément (<32 semaines) dans 16 centres européens: une étude de base de données]. *The Lancet, 369*(9555), 43-50. https://doi.org/10.1016/S0140-6736(07)60030-0

Robertson, C., Watt, M.J., & Yasul, Y. (2007). Changes in the prevalence of cerebral palsy for children born very prematurely within a population-based program over 30 years [Évolution de la prévalence de la paralysie cérébrale chez les enfants nés très prématurément dans le cadre d'un programme en population sur 30 ans]. *Journal of the American Medical Association,* 297(24), 2733-2740. https://doi.org/10.1001/jama.297.24. 2733

Dargassies, S.-A. S. (1979) *Le développement neurologique du nouveau-né à terme et prématuré.* Masson.

Stern, D. (1989). *Le monde interpersonnel du bébé.* PUF.

Vaivre-Douret, L. (1997). *Précis théorique et pratique du développement moteur du jeune enfant.* Elsevier.

Vaivre-Douret, L. (1998). *Dispositif de posture coconou.* Breveté I.N.P.I., 9801028.

Vaivre-Douret, L. (1994). Influence de l'expérience posturale (décubitus ventral) sur le développement et l'organisation de la motricité chez le nourrisson, *Journal de Pédiatrie et de Puériculture*, 7(1), 34-44. https://doi.org/10.1016/S0987-7983(05)80360-3

Winnicott, D.W. (1969). La préoccupation maternelle primaire. In D.W. Winnicott, *De la pédiatrie à la psychanalyse*. Payot. (Oeuvre originale publiée en 1956)

Winnicott, D.W. (1975). *Jeu et réalité*. Gallimard.

PSYCHOMOTRICITÉ ET ADOLESCENCE

Catherine Potel

Il y a 50 ans, en France, l'adolescence intéressait peu et les institutions spécialisées pour les soins auprès des adolescents n'existaient pratiquement pas. Actuellement les choses ont changé même si les structures de soin ne sont pas encore assez nombreuses.

Je ne parle pas ici des adolescents qui, depuis l'enfance, étaient diagnostiqués (psychose infantile, état déficitaire, autisme). Ils étaient alors placés dans des institutions adaptées à leur pathologie et leur adolescence était souvent déniée.

Dans les années 70, des institutions se sont intéressées à cette période de la vie qui bouleverse tous les repères, corporels et psychiques. Depuis, des hôpitaux de jour, des cliniques spécialisées, des hospitalisations de crise, des consultations spécifiques pour les adolescents, se sont créés, insuffisamment malgré tout.

Dans les années 80, je fais mon mémoire sur l'anorexie mentale de la jeune fille et sur l'hypothèse d'un travail corporel adapté à cette pathologie. C'était un sujet de recherche, aucune littérature n'existait alors sur ce thème. On estimait alors que s'occuper du corps des adolescents était chose trop délicate et trop brulante pour que les psychomotriciens s'y risquent.

Faire du sport, pourquoi pas. Mais une psychomotricité qui s'intéresse à l'image du corps dans sa complexité, était proscrite.

Les bonnes raisons ne manquaient pas et on invoquait alors:
- L'hyper sexualisation et surtout l'érotisation de la relation ravivant des angoisses incestuelles, rendant le travail "du corps" trop proche des sources d'excitation et des fantasmatisations trop inquiétantes;
- Le risque de provoquer des débordements d'angoisse dans des rapprochés corporels trop excitants;
- Le risque de ne pas pouvoir contenir les flambées pulsionnelles.

Ces apriori étaient tout à fait justes. Mais, les théories de l'époque mettaient au premier plan de la crise l'Oedipe flamboyant (E. Kestemberg).

Depuis, les conceptions théoriques ont évolué. Elles mettent également l'accent sur l'importance de la mise en crise de la construction identitaire, parallèlement à l'irruption de la sexualité.

De ce fait, on assiste actuellement à un vrai mouvement d'intérêt pour les thérapies qui passent par le corps et qui peuvent être considérées maintenant comme des thérapies à part entière pour accompagner le processus adolescent.

Médiations psychomotrices, relaxation, les thérapies psychocorporelles ne font plus si peur et s'inscrivent de plus en plus dans les protocoles de soins pour les adolescents en souffrance. Quant à la formation des psychomotriciens, elle s'est de plus en plus intéressée à la connaissance de ce qui se vit à l'adolescence, ce qui n'était pas le cas auparavant.

Ce travail spécifique demande bien entendu des conditions:

- Une formation théorique: connaître comment et pourquoi le corps, dans la réalité de la transformation pubertaire et dans sa représentation imaginaire, est un propulseur et un déclencheur de transformation psychique;
- Une formation pratique à savoir une maitrise technique suffisante pour savoir quelles médiations proposer et comment les adapter aux adolescents;
- Enfin, savoir en même temps amener les "excitations" nécessaires à tout travail corporel, tout en étant suffisamment "pare excitant" pour contenir et limiter les risques de débordement. C'est à dire que je soutiens l'hypothèse que les médiations thérapeutiques corporelles sont, non seulement des lieux d'expression et de sensations, mais également des lieux propices à la relance de la symbolisation et de la représentation.

Ce qui veut dire aussi que proposer des médiations psychocorporelles, c'est investir le processus de construction identitaire qui assure, dans son mode de symbolisations primitives, les fondations de la "maison psychique" du sujet.

Je dois ici préciser une distinction qui a émergé au cours des trente dernières années et qui est fondamentale: la symbolisation, jusque là considérée comme essentiellement inscrite dans le langage et le travail d' image du rêve, s'élargit aujourd'hui à des modes de symbolisations très spécifiques appelées symbolisations primaires, primitives ou corporelles.

Elles concernent:

- La co-construction affective par le partage d'affect dans les mouvements corporels et dans la sensorialité entre la mère et son bébé:
- La question des rythmes corporels et de l'accordage;
- La construction du corps dans l'espace.

En somme, tout ce qui est à l'origine même de la psychomotricité, qui est travaillé dans nos espaces thérapeutiques.

A l'adolescence, le corps.

Je ne vais pas revenir ici sur les théorisations actuelles sur l'adolescence.

Des auteurs contemporains ont donné des éclairages nouveaux sur l'importance de ce qui se joue cette époque de la vie et on pourra s'y référer. On peut seulement souligner que tous sont d'accord pour préférer au terme de crise d'adolescence, celui de processus, qui traduit au plus près le travail psychique en profondeur que doivent faire les adolescents pour devenir adulte.

J'insisterai surtout, dans ce qui va suivre, sur le corps à l'adolescence.

Les adolescents passent souvent par leur corps pour parler de ce qui va mal et de ce qui est mis en crise: violence sur le corps, passage à l'acte, destructivité, prise de risque extrême, autant de symptômes qui mettent au devant de la scène la souffrance et l'excitation adolescente.

Quand je rencontre ces adolescents qui s'abîment et qui hurlent dans leur chair toute la violence de leur destructivité, l'incompréhension tout d'abord me saisit. Pourquoi?

J'écoute ce qu'ils disent:

Laurette, 17 ans.

"Je me cogne la tête sur les murs. C'est pas pour me faire mal. C'est pour me sentir. Quand je ne me sens plus, c'est le vide. J'ai besoin alors qu'on me touche, fort. Ça, ça me fait du bien. Quand je suis seule, ça devient insupportable j'ai l'impression de couler, de me vider. Alors je me tape la tête contre les murs".

Laurette vient en relaxation. Le toucher est la seule chose qui peut lui redonner une forme, une enveloppe qui tient bon, le temps d'une séance, le temps d'une journée.

Denis, 20 ans.

Denis s'est beaucoup et longtemps scarifié. Se trouer la peau l'a aidé à ne pas mourir. Lors de notre premier entretien, il me dit sa honte devant les marques dont son corps est couvert et qui rappelle ce temps passé dans l'effroi. Il ne met jamais de manches courtes à cause de ça. Les séances suivantes pourtant, il arrive les bras nus. Bravade? Oubli? Provocation? Les cicatrices, presque nacrées sur sa peau blanche, sont bien visibles. La peau zébrée vient cogner mes yeux. Que faire? Vais-je oser toucher?

Ma main effleure plus qu'elle ne touche la peau du bras.

Denis, en m'expliquant son passé d'adolescent perdu, parle de descente aux enfers.

Annie, 13 ans.

Elle me dit un jour:

"La prof de math, elle a une bosse. C'est bizarre. C'est bizarre qu'elle soit là, au collège et qu'elle ne la cache pas mieux que ça".

Annie ne sait pas très bien quoi faire avec les mauvaises pensées qui lui traversent la tête et qu'elle ose parfois exprimer devant moi. Ce monstrueux qui ose s'afficher, cette bosse malséante, nous amène à parler à nouveau de son père un peu fou, un père qui projette sur Annie un amour déçu de lui-même, un père qui l'aimait, quand elle était enfant, en la frappant. Son front en a été marqué, une cicatrice entre les deux yeux témoigne de cet amour violent. Annie a pris le relai, il ne se passe pas une semaine sans qu'elle ne se blesse elle-même, par maladresse!... Comment s'aimer autrement?

Carmen, 19 ans.

Sa mère la dégoûte. Elle mange mal, elle se maquille mal, son corps pue la sueur et la vulgarité. Si elle s'approche pour embrasser sa fille, Carmen se sent mal à l'aise. Elle ne supporte plus que sa mère la touche. Elle l'aime, pourtant, sa mère. Ce sentiment de dégoût est venu quand elle a eu 13 ans. Avant elle adorait être câlinée. Carmen maintenant a 19 ans et a maltraité son corps en le donnant aux uns et aux autres, pour de la drogue, pour de l'argent, pour le plaisir aussi d'être vue. Son corps était beau, tellement beau. Maintenant il la dégoûte, elle a grossi.

Ces adolescents, à l'occasion de ce travail corporel que nous faisons ensemble (relaxation, danse, jeux choisis dans mes placards), parle de leur corps et du fracas infernal interne dont il se fait l'interprète.

S'aimer, ne pas s'aimer. S'abimer pour se percevoir, se mettre en risque pour exister.

De quel monstre s'agit-il tapi dans les replis du corps?

Car il y a du monstre et du monstrueux chez tout adolescent. Ceux qui n'arrivent pas à apprivoiser, à s'approprier ce sentiment bizarre d'être à soi-même étranger, cherchent toutes les solutions possibles pour survivre à "l'inquiétante étrangeté" de ne pas se reconnaître. Les solutions qu'ils trouvent les entrainent parfois aux portes de l'effroi.

Quand je reçois ces adolescents, peut-être est-ce cela l'essentiel

Leur offrir un regard et une présence qui va contenir les éprouvés d'angoisse et donner des représentations de leur corps là où il n'y que du vide ou des terreurs sans nom.

Des représentations pour ces sensations, des représentations de formes. Et ces représentations naissent dans la relation au thérapeute psychomotricien, dans la tonicité, le contact, la sensorialité, dans l'espace et le temps donné à "l'être présent dans son corps", enfin dans les mots échangés qui accompagnent tout travail perceptivo sensoriel.

Je vais à présent évoquer un temps de travail en relaxation avec un jeune homme de 17 ans, que je nommerai Arthur.

Arthur a 17 ans. Il vient me voir en raison d'un symptôme récurrent. Il ne dort plus depuis des mois.

Jusque-là excellent élève, ses résultats sont devenus très médiocres.

Arthur est un beau jeune homme romantique. Enfant docile et mûr, enfant sans symptôme, il entre dans l'adolescence avec une route bien dessinée devant lui. Sauf qu'il ne dort plus. Ses parents ont consulté un pédo psychiatre, en raison de son manque de sommeil, mais surtout en raison de ses résultats scolaires désastreux depuis quelques temps. Le consultant me l'a adressé car Arthur ne veut pas voir de psychologue.

Quand je rencontre Arthur, il se plaint de son manque de sommeil et de sa fatigue le matin pour aller au lycée. Son insomnie s'est installée il y a longtemps déjà. Des traitements homéopathiques ou allopathiques n'ont rien changé à la situation. Il est d'accord pour venir faire de la relaxation mais ne veut rien entendre d'une psychothérapie. De toute façon il n'a rien à dire. Peut-être qu'il va pouvoir ici se reposer et réapprendre à dormir? C'est du moins ainsi qu'il formule sa demande et que nous commençons le travail ensemble.

Arthur investit relativement aisément la relaxation.

Mon travail de relaxation se déroule ainsi. Après un court échange verbal où nous nous donnons des nouvelles, je l'invite à aller s'allonger.

Puis je parle et évoque des sensations:

- Le poids du corps qui se dépose;
- Les appuis, le corps en contact avec le sol, le matelas, le coussin sous la tête;
- La température, chaleur, froid, selon les lieux du corps;
- La peau limite, souple et solide, contour, tout à la fois frontière et lieu d'échange entre intérieur et extérieur;
- La respiration;

- Les muscles dans leurs tensions ou leur relâchement;
- La charpente osseuse, structure organisatrice de la solidité du corps;
- La sensation de l'axe, qui détermine les deux côtés du corps, dans une symétrie mais aussi dans une différence sensible.

Toutes ces inductions ne sont ni programmées, ni prévues à l'avance. Elles s'appuient d'une part sur la connaissance que j'ai du corps, de par ma formation (une connaissance non seulement anatomique mais également nourrie de mon propre travail personnel en danse, en musique et en relaxation) et d'autre part sur la relation qui se noue entre l'adolescent et moi à partir de cette médiation de relaxation. C'est ma perception et ma représentation du corps d'Arthur qui va induire mes inductions verbales.

Il en est de même pour les inductions corporelles: simple contact, contact appuyé, glissé, mobilisations articulaires, autant de nuances dans le toucher qui vont renforcer sensations et perceptions du corps.

Un temps de silence succède aux inductions.

Puis j'invite l'adolescent à faire sa "reprise" et nous échangeons sur ce qui vient de se passer pendant la détente.

Très vite, Arthur va se détendre, allant même jusqu'à s'endormir.

Par contre, il n'a jamais rien à dire sur ce qu'il a éprouvé, pensé ou même rêvé.

Il est plus facile pour lui de se laisser aller à régresser corporellement que de rester en contact avec son monde intérieur.

A chaque fin de séance, alors que je dois le réveiller, j'ai l'impression de le ranimer, de le sortir d'un trou sans fond et sans limite.

La seule chose qu'il puisse me dire, c'est qu'il dort bien, ici, mais chez lui, il ne trouve pas le sommeil. La nuit, c'est un silence de mort qui l'angoisse.

Au fil des séances, ses verbalisations vont s'enrichir de souvenirs.

Deux séances me restent en mémoire:

- La première, après un endormissement total: "Au fond, ici, je vois que je n'ai pas de mal à m'endormir. Je crois que c'est parce que je ne suis pas seul". Arthur ajoute que le soir, alors que tout le monde dort, il téléphone aux copains ou à sa copine, car il ne supporte pas le silence. On parle alors des évènements de sa vie - la maladie de sa mère puis de son père (cancer) - qui, peut-être, lui ont donné le sentiment d'avoir à veiller, pour protéger la maison, pour protéger le sommeil des uns et des autres. Mieux vaut la maîtrise que l'angoisse. Ici, c'est moi qui le protège il peut se laisser aller sans crainte.

- La seconde: "Je me souviens, quand j'était petit, je suçais mon pouce. Ça, c'était important pour m'endormir. Ici, il y a beaucoup d'objets et de jeux d'enfants. Ça me fait du bien de les regarder, ça me calme".

Après la régression, vécue dans la relaxation, qui s'accompagne d'une certaine nostalgie d'un temps paradis perdu, vient le temps de la révolte. Un tournant dans la thérapie va s'amorcer. L'image du petit garçon modèle, assidu à ses séances, va s'estomper, pour montrer celle d'un adolescent qui se cherche, beaucoup plus en souffrance qu'il ne l'avait été jusqu'ici. Les passages à l'acte vont se répéter, qui se traduisent dans notre travail, par des absences répétées. Celles-ci m'obligent à un rapprochement avec son consultant, et avec ses parents. Lui qui était dans un positionnement inversé (être le protecteur de ses parents) devient celui dont tout le monde s'occupe. Tout le monde s'inquiète d'Arthur. Enfin! Pourrait-on dire!!!

Et presque paradoxalement, dans ce climat de menace permanente et d'inquiétude pour lui, Arthur va recommencer à dormir.

En conclusion

Je ne peux ici raconter tous les méandres d'un travail au long cours qui s'est achevé au bout de trois ans.

Je peux seulement dire, en guise de conclusion, que le travail corporel - quelque soit la médiation choisie - permet souvent aux adolescents d'exprimer ce qu'ils ne peuvent dire encore en mots, la dépression étant très souvent à l'origine d'autres manifestations symptomatiques plus "sonores".

Arthur, m'a dit un jour qu'il en avait eu marre d'être ce garçon modèle - toujours premier, toujours sage - et qu'il avait été fasciné, à 14 ans, par les "fort en gueules", ceux qui semblaient n'avoir peur de rien, ceux qui étaient en révolte contre le mondes des adultes et qui osaient le clamer.

Arthur, à 17 ans, n'avait toujours pas trouvé l'homme qu'il avait envie de devenir. J'espère qu'avec le temps, il le trouvera, à l'intérieur de lui.

LA PSYCHOMOTRICITÉ À DOMICILE

Andrè Brandily

Notre expérience du travail à domicile dans le cadre institutionnel a débuté au sein d'un centre de consultation psychiatrique. A cette époque dans les années 1984-85, nous étions amenés à prendre en charge des personnes présentant des syndromes démentiels de type Alzheimer pour lesquels il n'existait pas encore de lieux d'accueil. Le plus souvent ces malades étaient envoyés à l'hôpital général pour apaiser des troubles du comportement (errance, agressivité...), mais, ce lieu de soins était inadapté. Issus de l'hôpital psychiatrique, leurs passages par différents services hospitaliers majoraient leur désorientation et leurs troubles du comportement. A partir de ce constat, nous avons constitué une équipe comprenant: deux médecins psychiatre, deux infirmières spécialisées en psychiatrie et un psychomotricien. Nous avons alors pu commencer à intervenir chez les personnes démentes à leur domicile, au sein de leur famille mais également dans leur lieu de vie: foyer, maison de retraite...

C'est à partir de cette expérience que va débuter auprès d'adultes et de personnes âgées en difficultés les soins de psychomotricité à domicile en libéral.

Que signifie faire de la psychomotricité à domicile?

Aller à domicile, c'est être reçu par le patient lui-même, le plus souvent accompagné d'un ou plusieurs membres de sa famille ou encore d'une aide à domicilie (auxiliaire de vie, aide-soignante). Nous pénétrons alors dans un lieu intime du patient. Un endroit chargé de son histoire personnel, fondement de son identité et s'il est âgé, c'est le lieu dont il est le référent, le gardien. La personne y a ses repères et ses troubles ne font qu'accentuer l'envie de ne pas le quitter de peur de se perdre définitivement. Comment pouvoir envisager qu'il abandonne son "chez lui" pour arriver dans un lieu qui lui est totalement inconnu!

Choisir le domicile, c'est respecter au mieux la personne malade, tout en installant des conditions de sécurité incontournables (présence d'aide à domicile le jour et parfois la nuit) et avec l'accord primordial du patient face à ce dispositif et bien sûr de son entourage proche.

Les raisons qui amènent les personnes à rester au domicile sont récurrentes en voici quelques unes:
- problème du coût des lieux d'accueil;
- absence de structures adaptées;
- désir de la famille de garder la personne chez elle;
- échec de placement en institution;
- refus du patient.

Bien d'autres raisons, plus profondes, non dîtes et qui, de fait, nous échappent, motivent le choix de rester à la maison: la promesse faite au parent de ne jamais le placer, la culpabilité inhérente au sentiment d'abandonner son parent, l'angoisse de ne pouvoir le voir autant qu'on le voudrait s'il entrait en institution. La liste n'est pas exhaustive, d'autres motifs nous seront peut-être révélés lors de la rencontre. La rencontre justement, ce premier rendez-vous est décisif, il réclame une extrême attention car il détermine souvent la suite de la thérapie ou sa fin anticipée.

La rencontre

En premier point, il nous faut garder en tête que le lieu de la rencontre est un bien propre à la personne, y pénétrer ne nous donne aucun droit, aucune supériorité sur lui. Son "chez soi" c'est son identité personnelle, sociale et psychique. Il nous est alors important de savoir si la personne a été prévenue de notre rencontre, de quelle manière, par qui, que lui a-t-on dit, a t-il donné son accord? Ces questionnements restent valables quelque soit l'âge ou la pathologie du patient.

Ensuite, il nous est nécessaire d'évoquer plus en détail le moment des premières rencontres et le contexte qui nous a amené à voir le patient. D'abord d'où vient l'indication? D'horizons très divers. Ce peut être celle du médecin traitant, celle une association d'aidant à domicile, celle de soignants venant chez la personne (infirmière, kinésithérapeute, orthophoniste…). Le dénominateur commun étant finalement le "bouche à oreille". De là découle le défi de la première rencontre: qui a fait la demande? Quelle est l'attente de la famille, du patient? Nous demandons que le patient soit prévenu de notre rencontre quitte à essuyer un refus. Le challenge sera de ne pas imposer notre présence et convaincre que cette rencontre ne constitue pas un engagement.

Le premier rendez vous va tenir une place importante dans la pérennité de la prise en soin. Le psychomotricien doit se rendre très disponible, c'est un engagement de tout son être qui sera nécessaire pour établir le lien.

Quand ce premier rendez vous a lieu, le psychomotricien se retrouvera en présence du patient mais également d'un ou plusieurs membres de son entourage proche et le cas échéant d'un soignant intervenant au domicile dont la présence peut être rassurante pour la personne. Lors de ce moment riche en émotions, seront évoquées les raisons de la rencontre: maladie, accident... C'est là ou nous découvrirons l'histoire du patient avec ses mots et ceux de son entourage. Il nous faudra être tout à fait disponible pour s'ouvrir à une écoute de l'ensemble des paroles, mouvements, regards, gestes qui vont apparaitre, s'échanger dans le groupe. Il est important aussi de garder le contact avec le patient en s'adressant à lui en faisant en sorte qu'il ne se sente pas exclu du dialogue même si il n'est pas toujours en mesure de répondre verbalement. Ici, faire preuve d'empathie sera primordial pour favoriser la création de liens, instaurer la confiance pour obtenir une sorte de partenariat entre les différents protagonistes: patient, famille, soignants. Il s'agira de redonner du sens là ou n'apparaissait plus que de l'incompréhension, des "symptômes". Le travail consistera, dans un premier temps, à faire que la pensée circule, reprenne ses droits pour que le patient re-trouve sa place dans la famille. A nous de l'aider dans notre démarche de soin, sachant que nous évoluons dans un lieu étranger, chargé d'une histoire qui nous échappe. Il nous faudra exercer la thérapie psychomotrice hors du cadre habituel d'une salle destinée à cet effet.

L'adaptation au cadre

Le cadre du lieu pourra être changeant, il nous faudra en permanence nous adapter en fonction des espaces mis à notre disposition, des aléas de la vie familiale, de la présence des uns et des autres (conjoints, enfants, amis, soignants...) Parfois une pièce est destinée au soins, ce qui n'empêche pas de passer du "dedans" au "dehors" du domicile pour permettre au patient de se confronter à l'extérieur et en fonction du projet évoluant au long cours des rencontres, de permettre l'installation de la confiance entre nous et les proches. Il faudra être inventif, s'adapter en permanence. Le cadre ne peut se réduire à un lieu mais à la fluctuation de la pensée du patient qui va nous entrainer vers une destination parfois surprenante mais souvent très riche d'enseignement pour qui sait observer et saisir l'importance du vécu de la personne à cet instant. Le cadre est aussi déterminé par le déroulement des débuts et fin de séance: pour tel patient, ce sera l'accueil du psychomotricien qui aura lieu dans un endroit précis de la maison avec un échange sur le déroulé de la semaine depuis la dernière entrevue en compagnie de l'aidant, pour tel autre patient, ce temps n'existera pas, préférant aller au plus vite dans la séance. La fin de la rencontre pourra aussi être envisagée de différentes manières, il nous incombe d'être attentif pour s'adapter au patient afin que la séparation se fasse sans heurt. Très rapidement, l'ensemble des partenaires: aidant, patient et thérapeute comprennent l'intérêt d'établir un cadre stable, rassurant pour tous. Et, si le cadre doit rester stable, le lieu de l'action peut fluctuer, celle ci pouvant se dérouler entre l'intérieur et l'extérieur du domicile. Cela oblige à adapter son projet ainsi que les médiations.

Les médiations à domicile

Le premier médiateur du psychomotricien c'est d'abord son corps. Ensuite, nous pouvons utiliser du matériel de psychomotricité à domicile, il faut le transporter voir parfois le laisser sur place ou bien certaine famille s'en procure. Pour des patients désorientés dans l'espace, le lieu de vie va être notre "terrain" de jeu: redécouvrir son habitation, les objets riches de souvenirs permettant d'élaborer sa pensée, mettre en mots son vécu, ses émotions. C'est aussi retrouver la capacité de circuler dans son habitation se mettre en mouvement, reprendre confiance en lui faire travailler sa mémoire dans la découverte qu'il fait d'objets, de photos… Nous aurons l'occasion de le découvrir "en direct" d'une manière vivante, active, dans l'échange spontané. L'autre terrain de jeu sera l'extérieur: effrayant dans un premier temps, la mise en confiance de la personne l'encouragera à accepter d'affronter le "dehors" les grands espaces, le bruit de la rue, les gens, les trottoirs… L'aidant participe également à cette évolution du soin si nous l'accueillons comme "partenaire" sans qu'il fasse effraction dans notre relation au patient, à nous de créer un lien et de trouver la bonne distance. Cet aidant trouvera lui aussi un réconfort par la surprise de voir son proche récupérer des capacités motrices ou évoquer des souvenirs qu'il croyait perdus. Etant confrontés à des pathologies très diverses, il sera nécessaire d'adapter son soin en fonction des difficultés du patient et en tenant compte de la dynamique familiale. La maladie aura pu engendrer un véritable traumatisme collectif provoquant un remaniement important des liens familiaux, faisant émerger d'anciens conflits non résolus auquel nous devrons faire face.

Les pathologies, le projet de thérapie en psychomotricité

A domicile nous rencontrons des personnes adultes qui peuvent être jeune (25-30 ans) mais également des gens âgés. Les pathologies peuvent être consécutives à un accident de la route, liées à un handicap à la naissance, ou les conséquences des accidents vasculaires, de maladie évolutives (sclérose, maladie de parkinson...) et, pour les plus âgés, de syndromes démentiels divers (vasculaire, de type Alzheimer...) D'autres troubles peuvent aussi être soignés par la thérapie psychomotrice comme ceux relevant d'une affection psychiatrique et/ou de la psyché. Nous pensons en particulier aux personnes ayant vécu des traumatismes entrainant des angoisses, des phobies, des délires...Le psychomotricien devra donc s'adapter, construire son projet de soin en fonction de la pathologie de chacun. En sachant que le projet thérapeutique n'est pas celui d'une maladie, il est avant tout celui d'une personne unique en son genre. Le projet est donc élaboré à deux: le psychomotricien et le patient, sans oublier l'entourage qui aura son rôle à jouer dans la dynamique de groupe. L'avancée dans la thérapie se fera, en tenant compte en permanence des progrès ou des régressions de la personne, le souci d'une harmonie pérenne dans le lien avec le patient sera essentiel tout au long de nos rencontres. Nous serons à la fois guide et nous "guidés" toujours à l'écoute de ce qui se passe chez l'autre, nous trouverons le chemin ensemble pas à pas dans la compréhension des peurs, des angoisses mais aussi des désirs, des joies partagées quand la réussite est là chargée d'émotions.

Le projet se construit au fur et à mesure des rendez vous. Si les objectifs sont présents dans notre tête le chemin pour l'atteindre n'est pas toujours tracé d'avance. Il faudra accompagner prudemment pour qu'à chaque rencontre, avec le souci d'une attention bienveillante, les moyens d'y arriver se construisent ensemble. Souvent, la famille attend beaucoup de la thérapie comme si un miracle allait se produire surtout si il y a eu mise en échec de soin (kinésithérapie, psychothérapie, rendez vous chez le psychiatre...) ce qui arrive assez souvent dans notre cas puisque la plupart du temps les personnes sont en refus de soins quand nous les rencontrons pour la première fois.

La question de la durée des soins posent également question. Si le rendez vous d'une séance se situe entre trois quart d'heure et une heure, le nombre de séances ne peut être pour notre cas établi d'emblée. Tout va dépendre, d'une part de l'acceptation du patient, de son engagement pour le soin et ceci quelque soit sa pathologie (même chez une personne démente), et d'autre part de l'engagement de l'entourage. Le projet dans sa durée dépendra donc du partenariat des différents protagonistes: le psychomotricien, le patient, la famille. A travers cette entente, le projet va avoir du sens et pourra prendre toute sa valeur. Cela n'exclut pas les problématiques qui vont se présenter, comme le refus du patient de continuer sans que l'on identifie très bien les raisons: dépression, l'impression que les progrès ne sont pas là, conflits dans la famille. Cela peut, parfois, provoquer une suspension de la prise en charge rarement un arrêt, une pause peut s'avéré bénéfique surtout s'il s'agit d'une thérapie au long cours (certaines durant plusieurs années). Il est vrai que les rencontres vont se faire dans la durée, pour certaine personnes âgées ou atteinte de maladies trés invalidantes nous irons jusqu'un accompagnement de fin de vie. La nature de l'intervention pourra être aussi d'accompagner quelqu'un vers un autre lieu de vie: foyer, maison de retraite ou nous pourrons si le patient et la famille le souhaitent poursuivre la thérapie.

Avant de conclure nous nous proposons d'illustrer nos propos par des vignettes cliniques. Tout d'abord nous aimerions montrer l'importance de la première rencontre.

Pour cela nous allons évoquer la rencontre avec M. P. Quand je rencontre ce monsieur âgé de 59 ans, il a subi un accident qui a provoqué un traumatisme crânien entrainant une hémiplégie à droite et une aphasie totale. Il passera par une période de coma puis de réanimation, le pronostic pour la suite est peu encourageant. Il sera ensuite pris en charge en rééducation ou la récupération de la station debout s'avèrera quasi-impossible. Grand découragement de l'entourage qui se sent peu soutenu. Connaissant son mari, Mme P. pense qu'il est en train de dépérir dans le centre de rééducation, qu'il n'est pas suffisamment sollicité. Lui se plaint de se voir traité comme un "handicapé qui ne pourrait pas avoir son mot à dire sur ce qui se passe pour lui". Sa femme voit la colère de son mari s'exprimer auprès du service médical et pense qu'on le considère comme un "débile sous prétexte qu'il ne parle pas". Très vite, le conflit va enfler et conduire le couple à quitter le service. Mr P. va donc se retrouver seul à la maison, refusant même de voir un kiné, il ne veut plus voir personne. C'est dans ce contexte qu'on me propose de rencontrer Mr P. C'est son fils aîné qui lui parle d'un psychomotricien travaillant au domicile et dont il a eu vent par une connaissance. On me raconte succinctement l'histoire de Mr P. Ce que je retiens c'est qu'il était un très bon marathonien, qu'il avait un poste au niveau national dans un grand syndicat et reconnu dans son emploi et sa famille. Cet homme avec son accident vient donc de perdre tout ce qui faisait sa fierté, celle de sa famille et de ses amis: il ne pouvait plus s'exprimer ni par la parole ni par le corps, que pouvait-il lui rester?

Armé de toutes ses informations, il fallait se préparer à la première rencontre, la plus importante. Comment ne pas la rater? Le jour arrive, je me trouve devant l'entrée de la maison où deux personnes m'attendent: le fils qui m'avait contacté et Mme P. Je remarque que Mr P. est dans la partie salon assis dans le canapé et il m'attend. Très rapidement nous allons au salon où je salue Mr P. et je me présente. Il m'apparait peu enjoué de me voir, j'imagine bien qu'on a du lui forcer la main. Trois sièges sont disposés devant le canapé, mais je décide de m'assoir près de Mr P. sur le canapé. Intuitivement je sais que je déstabilise un peu tout le monde. La discussion s'engage et je m'adresse alors directement à Mr P. Comme il ne peut répondre c'est alors l'une ou l'autre personne qui répond à sa place. Je demande alors si Mr P. est d'accord et je procède en fait comme si Mr P. et moi ne parlions pas la même langue et qu'il fallait un traducteur. Peu à peu Mr P. se détend même s'il reste sur ses gardes. On me demande ce que je vais faire. Je réponds que cela va dépendre de Mr P. et moi même, que rien ne presse et qu'il faut prendre le temps pour s'engager mais qu'en ce qui me concerne je pense que des progrès sont possibles. M'adressant à Mr P. je lui dis qu'avec un sportif de bon niveau il est plus simple de travailler car il connait ses limites, il a sans doute une bonne connaissance corporelle, donc, il ne pourra s'agir que d'un partenariat à négocier ensemble pour pouvoir avancer. J'ajoute que sa pugnacité et son courage de coureur ne pourront que nous aider et qu'il saura, vu son poste syndical, m'interpeller si j'abusais de sa bonne volonté. Dans cette première rencontre, il ne fut guère question de psychomotricité ou de rééducation mais d'une rencontre "humaine", pour lui montrer qu'il avait certes perdu ses capacités mais conservé sa dignité, qu'il était possible au travers de ses gestes, ses mimiques, son regard de commencer à échanger ensemble, de trouver une "aire de jeu". Je lui proposais alors de nous revoir quinze jours plus tard, afin de lui laisser le temps de réfléchir, mais dans les faits ce sera beaucoup plus tard, après son rétablissement d'un accident soit presque deux mois.

Un autre exemple: la prise en charge d'une vielle dame qui refuse d'entrer en institution. Mme G, après la mort de son mari, fait une tentative de suicide à son domicile. Elle est hospitalisée et il lui est proposé une entrée en établissement pour personne âgée, ce qu'elle refuse. Un suivi à domicile est mis en place par l'équipe de consultation en psychiatrie du secteur. Elle refuse de voir un psychiatre (même si ce sera le cas une première fois en la présence d'une infirmière psychiatrique). L'équipe avec qui nous travaillons depuis longtemps nous propose alors de la voir. Elle est d'abord méfiante, nous lui expliquons que nous allons nous rencontrer une fois par semaine pour l'aider à pouvoir se déplacer dans sa maison et d'autres lieux, comme son jardin et la rue ou elle connait quelques voisins (qui discrètement veillent sur elle). Cette dame n'a pas d'enfant, seulement un petit cousin qui n'habite pas la région avec qui les relations sont bonnes mais dont les visites sont rares même si les appels téléphoniques sont hebdomadaires. Mme G. présente un syndrome dépressif grave, elle ne veut plus sortir (peur, honte de ce qu'elle a fait?) Dans un premier temps, nous resterons dans le salon pour discuter, pour guetter parfois la factrice qui tous les jours passe lui faire un petit "coucou" qu'il y ait du courrier ou pas à lui remettre. Elle a donc encore le souci de l'extérieur, cela me laisse à penser qu'il faudra de bonne raison pour sortir dans la rue ou tout simplement de sa maison. Nous allons trouver des prétextes au travers de nos échanges, tout d'abord le jardin dont elle ne peut plus s'occuper. Nous décidons d'aller y jeter un œil pour peut-être la convaincre de trouver un jardinier. Puis nous parlerons de faire les courses qu'elle ne fait plus chez ses commerçants habituels (ce sont ses voisins qui s'en chargent). Nous décidons que nous irons les faire (C'est une rue piétonne il faudra bien marcher), puis plus tard nous irons au cimetière pour y apporter des fleurs (comme celles que son mari cultivait dans le jardin). Au fur et à mesure de nos rencontres, la vie reprend progressivement entre promenades et évocations de souvenirs. Elle qui avait des problèmes de mémoire à court terme et qui notait sur des petits papiers les choses à ne pas oublier (rendez vous, appels téléphoniques à donner et ceux reçus, courses à faire ...), elle réalise que, peu à peu, en nous racontant ses histoires anciennes, elle retrouve des souvenirs qu'elle n'aurait jamais pu évoquer quarante ans plus tôt et nous lui faisions remarquer que cette fois ci, il s'agit d'un gain de mémoire et non plus d'une perte.

Cette courte vignette nous montre combien il faut être à l'écoute des personnes pour saisir les opportunités? Faire preuve d'imagination, de créativité pour que le projet se crée a deux: le soignant et le patient.

Nous voudrions également évoquer un patient plus jeune, victime d'un accident de la route à dix neuf ans. Après avoir eu son bac à dix sept ans, il poursuivait des études dans une grande école de commerce. C'est un garçon parfaitement bilingue, sportif, musicien et poète à ses heures qui se retrouve, après neuf mois de coma et deux ans de rééducation en France et à l'étranger avec une hémiplégie à droite, une ataxie cérébelleuse et une surdité bilatérale totale. Il avait, somme toute, récupéré certaines fonction motrices (marche possible avec le soutient d'un tiers par exemple). Nous le rencontrons environ quatre ans après son accident sur les conseils de son médecin psychiatre avec qui il suit une psychothérapie. Le jeune homme que nous voyons à domicile n'est plus celui décrit précédemment. Il lui a été proposé un implant cochléaire qui s'avéra être un échec complet. S'en suivra un délire avec syndrome de persécution, des phases d'agitation violente et de repli sur lui, d'idées suicidaires qui le conduiront tout droit à l'hospitalisation en psychiatrie. A sa sortie il sera stabilisé, commencera une psychothérapie et un peu plus tard une prise en charge en psychomotricité à domicile conseillée par le psychiatre. Nous rencontrons quelqu'un que ne tient plus debout, si ce n'est pour se jeter par terre violemment, il est dans son "monde", refusant le contact du regard mais aussi le toucher. La seule chose positive, c'est qu'il accepte notre rencontre. Avec la présence de son auxiliaire de vie et de sa mère, nous tentons d'établir un dialogue à quatre ou la mère fait un peu l'interprète entre lui et moi, lui rappelant qu'il avait donné son accord pour envisager une prise en charge en psychomotricité. Nous lui présentons ce que nous pourrions faire ensemble et dans un premier temps, vu la manière dont il se présente, comment il vit dans son corps, et les dires de son entourage je vais suggérer un travail de réappropriation de son corps, c'est-à-dire: retrouver une image corporelle à travers une redécouverte, du passage du sol (ou il se jette sans pouvoir se relever seul) à la verticalité dans une sorte de "renaissance" et ce dans le but de pouvoir vivre avec son handicap, d'entrer dans l'acceptation de sa nouvelle existence. Le travail se déroulera pendant plusieurs mois dans sa chambre ou dans la salle à manger, puis quand son assurance motrice dans les déplacements sera plus sûre, nous irons sur la terrasse ou des barres ont été installées pour sa sécurité. Au fur et à mesure de ses progrès, tant sur le plan moteur que psychologique et au cours du dialogue, la prise en charge évoluera: nous irons dans le bois près de chez lui ou il existe un parcours sportif (qu'il connaissait bien autrefois pour y venir courir), puis alternativement en ville pour y faire parfois des courses. Nous sommes parfois accompagnés par son auxiliaire de vie, surtout au début de nos sorties vers l'extérieur, puis seulement tous les deux quand la confiance sera acquise. Progressivement, ce jeune homme retrouvera la possibilité de marcher seul sans prendre de risque, ceci aura demandé plusieurs années. La prise en soin s'arrêtera quand il sera amené avec ses parents à changer de région, mais nous pouvons considérer que les acquis pourront perdurer si d'autres crises existentielles ne viennent pas perturber cet équilibre.

Voilà encore un exemple d'adaptation nécessaire pour prolonger le soin psychomoteur ou le cadre en tant que lieu sera modifié mais soutenu par un lien entre nous, évoluant vers une plus grande confiance, permettant dans un transfert positif noué dans l'action et le travail d'engagement corporel de l'un et de l'autre.

Conclusion

Le travail à domicile demande une bonne expérience de la pratique en institution auparavant. C'est au sein des différents lieux d'exercices que notre apprentissage se fera au contact des autres professionnels, avec qui nous échangerons, nous travaillerons la clinique et avec qui nous serons confrontés pour mieux approfondir notre pratique. Le domicile "isole" et l'absence d'autres professionnels, hormis l'assistante de vie, donnant son appui, l'infirmière, le médecin, le kinésithérapeute ne sont pas là en permanence et sont difficilement joignables. Très souvent peut être sa vision plus globale de la personne et de par sa formation, le psychomotricien va être le "point central de reference" pour l'équipe intervenante. Souvent, c'est la famille qui va aussi nous octroyer cette place parce que le temps est pris pour les écouter et pour les rendre acteurs du bon déroulement de la prise en soin du membre de leur famille.

Travailler a domicile c'est comme nous l'avons vu être capable de s'adapter en permanence, faire preuve de créativité pour conduire son projet de thérapie et faire face à toutes éventualités, celles d'ordre matériel (changement de lieux, utilisation de matériel...) ou celles relevant des aspects psychologiques (du patient, de la famille, des aidants et de soi même). Il est parfois souhaitable de se faire aider en participant à des groupes de contrôle (ou tout autre chose) pour continuerde se former. Il reste essentiel de continuer un travail corporel (sport, danse, théâtre...) car il ne faut jamais perdre de vue le médiateur principal du psychomotricien, c'est son corps.

COMUNICAÇÃO NÃO-VERBAL
O toque na prática psicomotora

António Ricardo Mira & Guida Veiga

> O toque é 10 vezes mais efetivo do que o contato verbal ou emocional e afeta, praticamente, tudo que fazemos. Nenhum outro sentido o afeta tanto como o toque [...] Estamos nos esquecendo de que o toque não é somente uma necessidade básica para nossa espécie, mas é a chave de nossa existência (Tiffany Field, 2003).

A psicomotricidade é uma terapia de mediação corporal... Assim começam inúmeras definições da práxis psicomotora, elencando os diferentes mediadores (jogo, relaxação, movimento, etc.). Não obstante, são escassos os trabalhos sobre o que está sempre presente na mediação corporal: o toque (na sua presença ou na sua ausência). E, no entanto, o toque é a

> *linguagem dos sentidos, na qual podemos ser todos socializados, é capaz de ampliar nossa valorização do outro e do mundo em que vivemos, e de aprofundar nossa compreensão em relação a eles. Tocar é a principal dessas outras linguagens. As comunicações que transmitimos por meio do toque constituem o mais poderoso meio de criar relacionamentos humanos* (Montagu, 1988).

Para falarmos sobre o toque em psicomotricidade, parece-nos conveniente começar por Watson (1975) que define o toque como um contacto físico intencional entre dois ou mais indivíduos. Não perdemos, nesta definição, o que também à psicomotricidade interessa, a ideia de intencionalidade, mas temos de ir para além disso. Montagu (1988) expande o conceito e é capaz de o aproximar mais daquilo que a nós seguramente interessa: a valorização e compreensão do outro, a comunicação, a criação e manutenção de relacionamentos, destacando a importância do toque ao longo da vida. O *"bebé dependente está destinado a crescer e a desenvolver-se socialmente por meio de contacto e, por toda a sua vida, a manter contacto com os outros"* (Montagu, 1988).

Estando o toque interligado com as relações entre as pessoas, no contexto da psicomotricidade, ele não só é promotor da relação como é, harmonicamente, promotor da intervenção. O toque é sempre desejado, mas nem sempre se quer. Esta consciencialização faz falta ao psicomotricista porque não se pode correr o risco de achar que o toque, como resposta à fome da pele, só por si, mata essa fome. Sendo uma necessidade básica de todos, todos o desejarmos, mas nem por isso todos o queremos, pelas mais variadas razões. Quando as pessoas se abeiram de um técnico de saúde, sabem que esse técnico, seja enfermeiro, médico, psicomotricista, tem que as tocar e, por isso, já transportam em si mesmas uma predisposição para se deixarem tocar por um desconhecido. A verdade é que, mesmo assim, aquele que se deixa tocar pelo psicomotricista não está sempre, sobretudo inicialmente, disponível para o toque, como nós o entendemos nestas circunstâncias. Por muito que ele se deixe abordar, o que faz falta acontecer nesta relação terapêutica não está, logo à partida, garantido. O toque ainda está muito numa fase instrumental e menos afetiva. Há que criar condições para chegarmos a um pleno. Será de admitir o toque antes de estabelecida a relação entre o psicomotricista e a pessoa que o procura?

A fase propedêutica do tocar

Admitimos como útil a reflexão sobre uma fase propedêutica do tocar, na intervenção psicomotora, a que chamamos fase de pré-toque. Fará sentido iniciar uma intervenção, por exemplo, ao nível dos cuidados paliativos, recorrendo ao toque-massagem psicomotora, sem passar por essa fase propedêutica? Parece-nos conveniente que exista esta fase de pré-toque, distanciada do toque terapêutico concreto, em que, pelo lado do psicomotricista, é o tempo de se amadurecer o porquê, o quando, o onde e o como tocar. Pelo lado do utente[1], é o momento de ir criando o desejo de ser tocado e de ir dando sinais, variados, de natureza não-verbal, sobre o momento ideal para o tocarem e para declarar, onde e como quer ser tocado. O momento ideal para isso será quando haja coincidência entre o que um quer e o que o outro deseja/aceita. A fase pré-toque é uma fase em que se vai tocando, reciprocamente, pela postura, pela atitude, pelo comportamento, pelo gesto, pelo olhar.

---

[1] Os autores optam pelo termo utente, em detrimento de paciente. Nesta relação peculiar, que é a da intervenção psicomotora, não há lugar para pacientes. Ninguém pode estar como paciente no processo e, portanto, vale a pena sublinhar a vertente interativa do procedimento e o pendor simbiótico das personagens em actividade, deixando-se beneficiar, mutuamente, nos seus desenvolvimentos pessoais e profissionais.

Expressões como: "- O seu olhar tocou-me, o seu gesto também!" são-nos familiares. É caso para dizer que poderá haver benefícios neste toque emocional que precederá o toque físico e que, posteriormente, dele se fica alimentando. E fica dando alimento.

Poderá o toque dado, pela primeira vez, pelo psicomotricista, num utente, fora do espaço da intervenção (gabinete, sala) como, por exemplo, no corredor, facilitar a criação da relação e acelerar esse mesmo processo de construção relacional? Tocar o utente dentro do local de trabalho propriamente dito, onde vai decorrer a intervenção psicomotora, adquire, provavelmente, uma dimensão muito mais técnica, de aspecto muito mais "medicamentoso" do que relacional. Pelo contrário, fora desse contexto, a dimensão relacional adquire uma amplitude maior, facilitadora da intervenção, sendo, ela própria, já intervenção. Com um jovem adulto ou com um adulto é muito mais natural que este fenómeno possa acontecer tal como o descrevemos. Com a criança, uma vez que a intervenção preconizada é uma intervenção muito lúdica, muito baseada na espontaneidade e na direcção que a criança imprime às acções, com ela poderá ser diferente. Como é muito espontânea e seguindo muito os seus interesses, não há uma dicotomia tão grande entre aquilo que é puramente técnico/instrumental e puramente relacional. A criança, em princípio, vivenciará o toque do psicomotricista como um toque afetivo.

Para a determinação do momento exacto para tocarmos o outro pode ajudar-nos a utilização de objectos terapêuticos, mediadores, em toque passivo, podendo nós, assim, evitar que o toque activo não atempado, precoce, seja abusivo e, desse jeito, revelar-se um dano e não um benefício. O toque, muito para lá da sua função exploratória, através do tacto, deve estar presente como revelador de proximidade física que, nos seus detalhes proxémicos, explicita a relação que se quer estabelecer, que já se estabeleceu, ou que já não se quer continuar a manter e manifesta a consequente dinâmica relacional entre os indivíduos.

A tipologia do toque do psicomotricista

A abordagem da tipologia do toque que a seguir vamos fazer não é para eleger um dos tipos de toque, mas sim para escalpelizar as vantagens, as limitações, as especificidades e a aplicação peculiar de cada um deles, não excluindo que eles possam ser aplicados em determinados casos, momentos e fases da intervenção psicomotora, uns mais intensamente, outros menos intensamente.

A partir do primeiro artigo sobre o significado do toque, publicado no Journal of Communication, por Watson (1975), Mira e Fernandes (2015a), depois de revisitarem Pinheiro, Rocha e Silva (1998), Gala, Telles e Silva (2003) e Lopes, Soares, Sá e Câmara (2009) propuseram-nos a seguinte tipologia do toque: 1. Toque instrumental; 2. Toque expressivo ou afectivo; 3. Toque expressivo-instrumental; 4. Toque instrumental-afectivo. O toque instrumental será um contacto físico deliberado, iniciado para facilitar a performance de outro acto que é a intenção primária do iniciador (Watson, 1975). O toque expressivo, admite este autor, é relativamente espontâneo e afectivo, não sendo requerido ou programado pela relação institucional dos interactantes. Mira e Fernandes (2015b) concebem o toque expressivo-instrumental quando a tónica do toque recai no seu aspecto expressivo e toque instrumental-expressivo quando a tónica do toque recai no seu aspecto instrumental.

De facto, uma investigação realizada por Mira e Fernandes (2015a) sobre a intervenção psicomotora com uma criança com hemiparésia, revelou que, embora o toque instrumental tivesse sido tipificado, ele nunca foi observado. Ao contrário do que se poderia prever, tendo em conta a importância da técnica neste tipo de patologia, a maioria dos toques dados pela terapeuta nos braços da criança foi de tipo instrumental-afetivo. A existência desta maioria de toques de cariz instrumental-afetivo permitiu a estes autores admitir a hipótese de ser muito escasso, ou até mesmo inexistente este tipo de toque (instrumental), na terapia psicomotora. Por outro lado, um outro estudo (Melo, Veiga & Marmeleira, 2017) com crianças com Perturbação do Espetro do Autismo (PEA) mostrou que, mesmo em meio aquático, meio este em que, devido às suas características, se exige basicamente a instrumentalidade do toque para apoiar a criança e para a deslocar para determinadas zonas da piscina, por exemplo, a psicomotricista recorreu mais frequentemente ao toque afetivo.

O que será um toque (unicamente) instrumental? Pensamos, por exemplo, na massagem cinesioterapêutica ou na estimulação orofacial aplicadas por fisioterapeutas e terapeutas da fala para resolver tensões musculares localizadas. Convenhamos que assim possa ser. No entanto, é para nós claro que em psicomotricidade, a função do toque deve centrar-se, sobretudo, ao nível da dimensão exploratória do viver e do sentir. O toque em psicomotricidade deve permitir à pessoa viver algo de bom (o calor, a tranquilidade, a segurança, a quietude), como um banho narcísico que revaloriza o corpo, um corpo que, nas palavras dos utentes, já não é importante para sentir as coisas ("-Eu já não sou importante para sentir as coisas"). Assim, nas sessões de toque terapêutico, mais do que a resolução de tensões localizadas, como na massagem cinesioterapêutica se pretende fazer, a pessoa vai ser tocada e vai permitir-se sentir e integrar o prazer do toque, o prazer de ser tocada por um outro que se interessa por ela que a investe, e que a cuida. É por isso que, à medida que as sessões decorrem, se torna evidente, da parte do utente, o progressivo respeito e investimento no seu próprio corpo, associando-o, não à dor, mas ao prazer. Não faz então sentido, na intervenção psicomotora, admitir o toque instrumental desprovido de qualquer afetividade. Em psicomotricidade, este toque, predominantemente instrumental, deve ser um toque instrumental-afetivo.

Para tal, é fundamental que o psicomotricista domine as diferentes técnicas e métodos de toque (e.g., a técnica de palming, a massagem psicomotora, os envelopes quentes ou frios) com segurança e com certeza, conseguindo também que, na sua aplicação, ressumbre nela afectividade. O psicomotricista deve utilizar a técnica e matizá-la com essa tal afectividade que tem que ser recebida, da mesma forma, pelo outro. O afecto que põe no seu toque vai, de alguma maneira, enriquecer a sua técnica e torná-la outra coisa. Passará a ser mais do que aquilo que ela é em si mesma. Não podemos esquecer que a afectividade tem que ser sempre uma componente da emissão, e também da recepção. Como tal, o toque do psicomotricista tem que estar de tal maneira bem construído que, ao tocar, se ofereça o toque que coincida com toque que o receptor precisa, espera, quer e aceita. Noutras palavras, o psicomotricista tem que dominar este toque instrumental para o poder prover de afetividade.

Na formação do psicomotricista, o treino desta competência deve ser um objectivo, embora admitamos que, quanto maior e melhor tenha sido e seja a experiência emocional e afectiva do psicomotricista, anterior à sua formação e durante ela, mais aproximada do ideal será a sua intervenção. É comum observarmos, nas aulas ou em situações de estágio, os nossos alunos, inseguros quanto ao domínio da técnica, com os seus braços a tremerem, as suas mãos a transpirarem, propagando esse tremor, essa ansiedade e insegurança ao utente. Outros há que, preocupados com os aspetos metodológicos, nem olham para a pessoa humana, perdendo toda a informação não-verbal sobre a vivência afetiva e tónica que lhe estão a proporcionar, acabando por não estar disponíveis para o diálogo tónico-emocional que deve estar sempre presente na intervenção. Alguns (já) psicomotricistas estão, ainda, tão centrados/obcecados nos aspetos da técnica que nem têm disponibilidade para olhar para o utente e perceber que não é o utente que tem de se adaptar ao método, mas o método ao utente. Ou seja, por muita afectividade que o psicomotricista possa querer dar-lhe, estando inseguro da técnica ou focado no método, acaba, mesmo que deseje que o toque seja afectivo, por não ter disponibilidade para lhe conferir essa qualidade afetiva.

É importante notar que quando falamos de toque terapêutico, consideramos que o benefício pleno desse toque surge integrado e não surge a viver por si próprio. O toque deve surgir numa acção que é uma acção partilhada, resultante da interacção entre o psicomotricista e o utente. Pressupõe-se que não haja toque pelo toque, mas que ele faça parte da intervenção e surja dela, para ela e com ela. Isto quer dizer que devemos fazer do toque uma técnica transversal a todo o processo terapêutico, mas não quer dizer que se deixe de considerar importante usá-lo, também, na sua utilidade técnica. Utilidade técnica sempre será a que tem, pois que, não a tendo, fugiria ao domínio das competências do profissional e estaria reservado a outros actantes e a outras dimensões do seu significado.

A importância da comunicação não-verbal

Para além de ter a capacidade de dominar a técnica e de a aplicar com afetividade, o psicomotricista tem de estar atento aos sinais que o outro lhe dá para que possa ajustar-lhe a técnica da maneira como ele a sente e como ele a quer. Ele quere-a da maneira como a sente ou, melhor dizendo, como a quer sentir. Esse é um dos momentos em que tem que haver uma atenção extraordinária aos sinais não-verbais para que, da sua leitura, se confirme ou não a existência da necessária ressonância afectiva. Como é que lá chega? Chega lá como chegará qualquer pessoa que está verdadeiramente interessada em comunicar, que é deixar-se treinar e treinar-se, continuamente, na observação. Efetivamente, a observação do outro é fundamental. A observação é tão importante como a própria intervenção, porque a intervenção há-de ser sempre uma resposta àquilo que é observado na pessoa.

O psicomotricista tem que fazer uma observação do utente logo desde que ele chega ao local da intervenção. Pode começar a observá-lo talvez mesmo antes que entre no gabinete ou sala terapêutica. Uma observação naquele contexto é indispensável. Como reage o utente naquele sítio desconhecido? Vem acompanhado por pessoas significativas ou pouco significativas? Estão, umas e outras, em conflito e ele com elas? Elas estão, mas ele não? Como se comporta face a essa(s) realidade(s)? Podemos precisar de muito tempo para a observação, no entanto, só ela possibilitará a criação da relação e o início da intervenção psicomotora.

É fundamental que o psicomotricista consiga ler rapidamente, para agir de imediato, os sinais não-verbais provenientes da linguagem corporal do utente quando, por exemplo, se percepciona atacado, quando está desanimado, ansioso, porque está inibido, porque é inibido ou porque está amedrontado. Encolher os ombros, enterrando a cabeça entre eles, colar os braços ao corpo, encostar os joelhos e meter as pernas, cruzadas pelos tornozelos, debaixo da cadeira em que se senta, podem ser sinais evidentes de que o utente pode estar a querer parecer mais pequeno como se, assim, desaparecesse da situação. Igualmente quando encosta o queixo ao peito, protegendo a garganta ou quando desvia o olhar desobservando o contacto ocular. Podem ainda ser sintomáticas manifestações como tamborilar com os dedos, movimentar a perna cruzada e respectivo pé, gesticular exageradamente, arregalar os olhos, passar demasiadamente as mãos pelos cabelos, puxá-los e/ou arrancá-los (tricotilomania, para situações extremas), roer as unhas (onicofagia, para acção insana), estalar os dedos, cerrar os punhos dissimulando os polegares, coçar, continuamente, as costas das mãos, cerrar os dentes, cruzar os braços com os punhos cerrados, etc. Linguagem corporal de sinal contrário a algumas destas posturas e a inexistência de outras podem ter significado antónimo. Por exemplo, não será estranho ao psicomotricista uma linguagem corporal de bem-estar e tranquilidade: os pés que pendem para fora, as mãos entreabertas, a face que se inclina para um dos lados, a quietude dos movimentos oculares, o maxilar inferior relaxado, etc.

Mas o trabalho do psicomotricista tem de ir um pouco mais longe, tem que ser ainda mais complexo, porque não deve ser só focalizado na observação de como o outro recebe a afectividade, como o outro a desejaria receber, como o outro a quer receber, como o outro a espera receber. O trabalho do psicomotricista implica, também, um trabalho seu, de autoscopia constante, para consciencializar, observando-se a si próprio, com a ajuda dos reflexos que vê no outro, como é que essa sua afetividade, no aqui e agora, está a servir a sua intervenção psicomotora que é, necessariamente, uma intervenção afectiva, relacional. Isto só se consegue com um trabalho aturado de leitura consciente dos mecanismos não-verbais da comunicação com o outro. Nós nunca sabemos, com toda a precisão, como é que o nosso corpo está a manifestar-se e é preciso que sejamos capazes de ter uma ideia o mais aproximada possível sobre isso. Temos que escutar o nosso corpo enquanto o nosso corpo está na relação com o utente. Perguntar o que é que aconteceu aqui, já é uma boa pergunta, mas, muito melhor, será conseguir perguntar sobre o que é que está aqui a acontecer. Esta questão sinaliza o momento em que ainda é tempo de intervirmos em modificação, em evolução e em desenvolvimento.

É na comunicação não-verbal que estão expressas as emoções e declarados os afectos. A maneira como o psicomotricista gere a sua postura, sempre reveladora de uma atitude, da sua atitude sincrónica e diacrónica na intervenção, não deixará nunca de ser percebida pelo receptor. A postura é o que revela a atitude, em qualquer situação de comunicação, nesta também. Em qualquer circunstância, a atitude é sempre reconhecida pelo outro, mais provavelmente de forma inconsciente, mas sempre a ponto de se tornar numa condicionante no processo comunicativo, tornando-o mais ou menos eficaz. Interpretações, de modo similar, ocorrem quando este profissional se desloca no espaço em direcção ao utente ou quando se afasta dele por muito pequenas que sejam as distâncias em causa. Posturas e movimentos, enquanto se toca, são sentidas e têm um sentido e um significado. Podem ou não acrescentar mais eficácia ao toque. Podemos mesmo dizer que, idealmente, deverão estar em consonância com ele. Situações em que o corroboram ou acrescentam são aceitáveis. Situações em que o anulam ou substituem são indesejáveis.

O toque não pode, por isso, ser pensado só na perspetiva daquele que é tocado, mas, por se constituir numa realidade diádica, deve, outrossim, ser concebido no sentido em que não deixamos de ser tocados quando tocamos. O toque deve ser pensado para um uníssono, logo, similarmente, na perspectiva daquele que toca. Para tocarmos, em alta qualidade, teremos, à partida, que ter um saudável convívio de vida com o toque, baseado na nossa arcaica experiência prazerosa do eu-pele (Anzieu, 1985/2000), aquando do estabelecimento e registo das nossas relações com os outros.

O toque tem um tempo-espaço, um hic et nunc, uma duração, um tom, um ritmo, uma quantidade, uma intensidade e tem pausas, como na música e, como ela, harmonia. Mas também requer um um tempo, o do psicomotricista que não só engloba o seu tempo de formação como também o tempo de desenvolvimento pessoal e profissional, tempo de maturação que o vai, a pouco e pouco, habilitando a saber as formas e os tipos de toque eficazes em todas as situações em que tenha que o utilizar. Para além deste seu tempo, criador de competências próprias, há ainda um outro seu tempo que é o da espera, o da escuta, o que exige dele paciência. Ter paciência que pode ser uma característica sua, ou ser por si gerada através de uma prática pessoal da paciência que deve implementar. Nessa prática da paciência está incluso o tempo que deve dar ao outro para que ele possa revelar-se. Para além deste matiz, não será de subestimar o impormo-nos o desprezo por padrões ideais de solidez, textura, temperatura e cor da pele que possam condicionar a intervenção e, consequentemente, cercear a abordagem ao corpo alheio na perspectiva da intervenção psicomotora.

Um estudo recente (Ellingsen et al., 2016) demonstrou que, para que o toque seja uma fonte de segurança, conforto, alívio e prazer, o envolvimento tem também de o ser. Ou seja, tem de haver uma forte congruência entre o toque, quem toca e o contexto onde se toca. O terapeuta terá então de ser percebido como alguém que é gentil, bem-intencionado e seguro. Estas qualidades só se conseguem com um trabalho aturado de leitura consciente dos mecanismos não-verbais da comunicação com o outro, de desenvolvimento pessoal e profissional até porque o psicomotricista vai querer proporcionar um diálogo tónico-emocional, um ambiente securizante e reparador. Não é só pelo jogo de presença/ausência, proximidade/afastamento que os utentes acomodam a interdependência entre o tónus e a emoção. É necessário que o terapeuta, pelos mecanismos não-verbais, transmita essa presença segura, esse calor, essa satisfação... na interação a dois. É curioso notar que muitas pessoas, nos mais variados contextos de intervenção, notam as mãos quentes do terapeuta que aquecem o seu corpo frio. Mas nem sempre este frio se mede à temperatura. Trata-se muitas vezes de um corpo frio porque esquecido. Auto-esquecido. Hetero-esquecido. Por exemplo, no final de uma sessão, num lar, uma mulher idosa referiu: "- Senti as suas mãos muito quentes, quando me tocou na mão" (Veiga, Hillenbrand, & Pereira, 2019). Ou, depois de uma sessão de toque-massagem psicomotora, um homem com esquizofrenia disse: "- É tudo bom, está tudo bem. Os meus pés aqueceram um bocadinho, o pescoço também aqueceu um bocadinho.", associando, um e outro, ao calor, a uma tranquilidade emocional. E outros testemunhos, por exemplo: "- Gosto muito quando me faz a massagem aqui (na nuca), no cimo da cabeça e na testa. Sinto muito alívio." Ou, ainda outro de uma pessoa com esquizofrenia: "- Assim, na cabeça, parece que alivia um bocadinho, que eu sofro um bocadinho lá dentro. É agradável na cabeça" (Ferreira, Biscaia & Veiga, in prep.).

O psicomotricista deve então perguntar-se: O que é que o toque me diz e o que é que diz ao outro? Entre aquele que toca e aquele que é tocado tem que haver um movimento recíproco e síncrono de intenção e de bem-estar, para que sejam possíveis benéficas trocas e transformações recíprocas dos seus estados emocional e tónico. Ambas as partes, convergentemente, terão que se nutrir do toque. Nesse dar e receber, o toque fornece, terá que fornecer, estando ambos os actantes mesclados no processo, as condições relacionais ideais para que a intervenção, pelo toque, aconteça num clima positivo de emoções, clima esse favorável às respostas emocionais e psicomotoras que são procuradas, no caso particular, pelo psicomotricista e, de várias formas, pelo utente. É assim evidente que a disponibilidade para observar, a observação e a autoscopia constantes, por parte do terapeuta, na terapia psicomotora, carecem de uma formação consistente na área da comunicação não-verbal, para que se conheçam os seus signos e os significados que podem ter, inclusivamente, aqueles que se constituem como universais humanos.

Concluindo...

Por tudo o que dissemos e também porque sentimos que o rigor da metodologia científica e dos seus resultados podem induzir, por vezes, uma ideia distorcida de que se deve atuar pelo toque de forma estéril, mecanizada e estandardizada, independentemente do *hic et nunc* e dos próprios intervenientes, queremos reafirmar, sinteticamente, que:

- O toque em psicomotricidade não pode ser senão um toque embebido em afectividade. Por isso, temos que conceber sempre o toque como instrumental-afectivo ou afectivo-instrumental.

- O psicomotricista tem que dominar as diferentes técnicas de toque pois só assim conseguirá fazer sempre delas um toque de componente afectiva.

- Em psicomotricidade procura-se apelar à dimensão exploratória do viver, sentir e expressar o toque.

- O psicomotricista tem que dominar a leitura da linguagem do corpo, particularidade da comunicação não-verbal, para que consiga fazer uma leitura permanente da vivência do toque, em momento em que ainda é tempo de intervir em modificação, em evolução e em desenvolvimento.

- O psicomotricista tem também de conseguir manter uma autoscopia constante, prestando atenção ao seu corpo, seus signos e significados, na relação com o outro.

- O toque como veículo do diálogo tónico-emocional, entre o terapeuta e a pessoa, permite a revalorização do corpo, a descoberta, escuta e consciencialização do mesmo.

Referências Bibliográficas

Anzieu, D. (2000). *O Eu-pele* (Z. Yazigi & R. Mahfuz Trad., 2ª ed.). Casa do Psicólogo. (Trabalho original publicado em 1985).

Ellingsen, D., Lekness, S., Loseth, G., Wessberg, J., & Olausson, H. (2016). The neurobiology shaping affective touch: Expectation, motivation, and meaning in the multisensory context [A neurobiologia molda o toque afetivo: Expectativa, motivação e significado no contexto multisensorial]. *Frontiers in Psychology, 6,* 1986. https://doi.org/10.3389/ fpsyg.2015. 01986

Field, T. (2003). Touch [O toque]. MIT Press.

Gala, M., Telles, S., & Silva, M. (2003). Ocorrência e significado do toque entre profissionais de enfermagem e pacientes de uma UTI e Unidade Semi-Intensiva cirúrgica. *Revista da Escola de Enfermagem da USP, 37*(1), 52-61.

Lopes, R., Soares, M., Sá, L., & Câmara, V. (2009). Toque: Ferramenta terapêutica no tratamento geriátrico e gerontológico. *Revista Brasileira de Ciências do Envelhecimento Humano, 6*(3), 402-412.

Melo, P., Marmeleira, J., & Veiga, G. (2017). Interação social criança-terapeuta em contexto meio aquático e contexto sala terapêutica em crianças com perturbação do espetro do autismo em idade escolar. In L. P. Rodrigues, F. M. Clemente, & R. Lima (Eds.), *Estudos em desenvolvimento motor da criança XII* (pp. 179-188). Escola Superior de Desporto e Lazer- Instituto Politécnico Viana do Castelo.

Mira, A. R., & Fernandes, J. (2015a). Aspetos da comunicação não-verbal usados pelo psicomotricista para o sucesso da sua intervenção terapêutica: Um estudo de caso. *Educação: Temas & Problemas*, 15, 104-121.

Mira, A., & Fernandes, J. (2015b). Comunicação não-verbal na intervenção psicomotora. In J. Fernandes & P. Gutierres Filho, *Atualidades da prática psicomotora* (pp. 81-90). Wak.

Montagu, A. (1988). *Tocar: O significado humano da pele* (10ª ed.). Summus.

Pinheiro, E., Rocha, I., & Silva, M. (1998). Identificação dos tipos de toque ocorridos no atendimento de enfermagem de um serviço ambulatorial. *Revista da Escola de Enfermagem da USP, 32*(3), 192-198.

Veiga, G., Ferreira, R., & Biscaia, C. (in prep). Influência de uma intervenção terapêutica de toque-massagem psicomotora na vivência corporal de pessoas com esquizofrenia institucionalizadas.

Veiga, G., Hillenbrand, A., & Pereira, C. (2019). O toque terapêutico no envelhecimento (p.329-345). In F. Mendes, C. Pereira, & J. Bravo (Eds). *Envelhecer em segurança no Alentejo: Compreender para agir.* Universidade de Évora.

Watson, W. (1975). The meaning of touch [O significado do toque]. *Journal of Communication, 25*(3), 104-112.

TERAPIAS EXPRESSIVAS
Uma via na formação do psicomotricista

Graça Duarte Santos

A prática do psicomotricista envolve a compreensão integrada da dinâmica humana e do papel do Corpo na sua construção e expressões múltiplas. Na formação do psicomotricista procura-se não só promover esta compreensão e desenvolver competências de análise e intervenção, mas também promover o desenvolvimento de competências pessoais e interpessoais cruciais para a praxis profissional.

Pensar a formação de um profissional implica rever múltiplas perspetivas teóricas e articulá-las com múltiplas experiências de práticas. No caso da formação de um profissional de ajuda e de cuidado, como é o caso da formação de psicomotricistas, importa uma atenção privilegiada à qualidade da formação pessoal - o Saber Ser - que, essa sim, permite verdadeiros encontros transformadores com o Outro. Atenção necessariamente subtil, integradora de diferentes olhares e aberta a diferentes envolvimentos pessoais que revelam características próprias.

O debate sobre a regulamentação da profissão de psicomotricista, sobre a sua área de intervenção e as competências necessárias para exercer a profissão levou ao desenvolvimento e definição de um padrão comum europeu que procura delimitar a área e especificar as competências a adquirir durante a sua formação graduada e pós-graduada (Fórum Europeu de Psicomotricidade, 2021). Alguns países, como a França, tendo já a profissão incluída em carreiras oficiais, introduzem ainda algumas particularidades nas características pessoais para acesso à profissão.

Em Portugal, o único documento oficial que regulamenta a prática de psicomotricista é o Regulamento Profissional dos Psicomotricistas Portugueses (APP, 2010). Este documento diz-nos que a Psicomotricidade enquanto profissão "consiste numa intervenção por mediação corporal e expressiva, na qual o psicomotricista estuda e compensa a expressão motora inadequada ou inadaptada, em diversas situações, geralmente ligadas a problemas de desenvolvimento e de maturação psicomotora, de comportamento, de aprendizagem e de âmbito psico-afectivo" (APP, 2000, art. 4ºb).

O Fórum Europeu de Psicomotricidade (FEP) refere, ainda, especificamente, a intervenção em saúde mental, em todas as faixas etárias.

A Psicomotricidade "estuda e investiga as relações e influências recíprocas e sistémicas entre o psiquismo e a motricidade, encarando de forma integrada as funções cognitivas, sócio-emocionais, simbólicas, psicolinguísticas e motoras, promovendo a capacidade de ser e agir num contexto psicossocial" (Associação Portuguesa de Psicomotricidade, 2010, art.4º). Trata-se, portanto, não de um saber ancorado numa teoria monolítica, ou numa interdisciplinaridade, mas acima de tudo numa transdisciplinaridade que orienta e é sustentada por uma prática clínica.

Relativamente à intervenção clínica do psicomotricista, e ainda segundo o regulamento português, esta desenrola-se "no âmbito preventivo em indivíduos saudáveis ou em situação de risco, numa lógica de desenvolvimento do seu potencial individual e de interação e no âmbito reeducativo e terapêutico, dirigido a indivíduos com problemas de desenvolvimento, aprendizagem e comportamento" (Associação Portuguesa de Psicomotricidade, 2012, art. 4º).

Estamos perante um campo de estudo e de ação que conjuga necessariamente tudo o que diz respeito ao corpo e à corporeidade, no seu desenvolvimento normal ou patológico, e o que diz respeito a uma dimensão psico-sócio-afetiva no outro, mas também em relação a si próprio, psicomotricista.

Por todas estas perspetivas, podemos dizer que a profissão de psicomotricista é uma profissão da Relação: 1-relação com o próprio - relação com o outro; 2- relação com o corpo real, mas também com o corpo imaginário (seu e do outro); 3- relação através do corpo - que se atualiza na expressão da imobilidade e da ação; 4- relação para além do corpo - que imana dos/nos imaginários próprios, das/nas histórias individuais. Profissão da relação que, pela implicação corporal que subentende nas práticas, quer de mediação corporal, quer sensorial, nos obriga a refletir sobre uma ética da abordagem corporal no contexto terapêutico (Giromini, 2019).

Formar psicomotricistas é também uma arte relacional, a qual deverá, equilibrada e integradamente, entrelaçar as dimensões do desenvolvimento do saber-saber, do saber-fazer e do saber-ser.

Estas dimensões deverão dar resposta ao que é solicitado no regulamento português da profissão ao nível das competências básicas para o psicomotricista generalista, sendo elas, para além dos conhecimentos teóricos, várias competências ao nível dos processos metodológicos relacionados com a prática profissional, donde realçamos, entre outras, o saber desenvolver e avaliar metodologias e estratégias de intervenção individual e grupal. Dentro destas metodologias usadas na prática profissional da Psicomotricidade, são evocadas, entre outras, neste documento, as "técnicas expressivas e lúdico-terapêuticas", que privilegiam a comunicação não-verbal e a exteriorização tónico-emocional de problemáticas não suscetíveis de mediação terapêutica pela palavra. O FEP (2012) refere também as competências de intervenção ao nível das técnicas de mediação corporal relacionadas com as "atividades expressivas e criativas". O Diploma de Estado Francês (2021) evoca as técnicas de expressão corporal ou plástica (referindo como um critério na admissão aos cursos o "ter interesse e aptidão para atividades corporais, físicas e artísticas").

Efetivamente, estas técnicas expressivas e lúdico-terapêuticas são particularmente importantes pela possibilidade que dão de acesso ao processo simbólico, nomeadamente as ligadas às expressões artísticas que têm especificidades únicas. Porque se toda a Expressão atravessa o Corpo em agires e múltiplos atos, quando especificamente recorre a mediadores artísticos, esta convoca o corpo criativamente em atos de variada natureza… o gestual, o vocal, o dramático, o plástico, o dançado. Toda esta riqueza de expressão tem uma particularidade: o inscrever-se em três níveis: o real, o imaginário e o simbólico. Esta tripla existência dá espaço a uma alternativa face ao simples agir (esvaziado de significado ou de essência) através de mecanismos de catarse e de sublimação relacionados com os processos de criação. Deste modo, o movimento e o ato (na essência, a matéria-prima da psicomotricidade) podem dar lugar à transformação de um ato real num ato simbólico, via expressão dançada, dramática, vocal, pictórica ou outra.

O cuidado com o "cuidar"

O desenvolvimento de metodologias e estratégias de intervenção, quer individuais, quer de grupo, são, talvez, a área em que a afirmação do profissional de ajuda e do processo do cuidar mais se revelam. É aqui que o afinamento das competências de escuta e de relação mais são ativadas. É aqui que as dimensões pessoais e interpessoais do psicomotricista se põem à prova.

Biscaia e Santos (2016) referem que o cuidar, parte sempre duma atitude de escuta, na qual o cuidador se predispõe a abrir-se a esse outro de quem quer cuidar, para se deixar ocupar por ele. É assim um processo ativo que implica uma disponibilidade interna de abertura ao outro para com ele sintonizar a atenção, "para entrar no tempo do outro". Esta entrada no tempo do outro implica um 'despir de si', um 'esvaziar de memórias', um estado de Presença ao outro. Este estado de Presença foi descrito por Shepherd, Brown e Greaves (1972, *in* Geller & Greenberg, 2002) como uma das maiores dádivas que um terapeuta pode oferecer ao cliente, sendo o facto de se estar totalmente presente e ser totalmente humano com outra pessoa, por si próprio, terapêutico. E somos, antes de mais, presentes num Corpo. Num corpo de vivências íntimas que se expressam em sons e em silêncios… num corpo que se move e se aquieta (Santos, 2019).

Em Psicomotricidade, enquanto abordagem terapêutica de mediação corporal, falar de Presença reenvia-nos sempre a uma dupla dimensão: se por um lado é o estar Presente a nós mesmos enquanto psicomotricistas, é também essencialmente o estar Presente na relação terapêutica. No caso da Psicomotricidade, esta presença terapêutica faz-se de um duplo olhar, ao visível no corpo e ao invisível para além dele. E é por seu turno esta possibilidade de escuta e de presença, a nós terapeutas e ao encontro relacional, que poderá fazer nascer no outro a possibilidade de se escutar e se revelar na expressão. Esta aprendizagem da escuta da ação e da imobilidade é a aprendizagem da escuta da 'ação' e da 'reação'… a escuta do Eu que não Outro… do Outro que não Eu… para no espaço do 'entre nós' se poder verdadeiramente escutar e Ser.

Mas quais os contornos desta escuta? Quais os contornos do estar Presente? Quais as aprendizagens para o assim ser? Que processo de aprendizagem da escuta do outro que, inevitavelmente, passa pela escuta de nós próprios e daquilo que o outro desperta em nós?

O desenvolvimento pessoal e interpessoal é visto como um processo de aprendizagem contínua sobre os outros, sobre si próprio e sobre o mundo. Neste sentido, ser psicomotricista é um compromisso com uma tarefa de desenvolvimento pessoal ao longo da vida, já que a sua própria pessoa é também o seu principal instrumento de trabalho (Santos & Vaz-Velho, 2015).

Muitas vezes o início deste percurso de desenvolvimento de competências pessoais e interpessoais, que são cruciais para uma prática profissional ética e para lidar com os desafios que uma prática contextualizada implica, tem como ponto de partida a própria formação graduada em Psicomotricidade e as características experienciais desta própria formação. Competências que integram conhecimentos, habilidades, valores pessoais e atitudes. Nas determinações do FEP (2021) faz parte do desenvolvimento profissional do psicomotricista, entre outras aspetos, o "vivenciar uma educação pessoal no campo psico-corporal e afetivo" com vista a "ser capaz de se envolver numa relação que ajude os outros a se expressarem e desenvolverem".

A pergunta que nos colocamos enquanto formadores de psicomotricistas é como promover, no contexto académico, as competências pessoais e interpessoais necessárias para trabalhar nesta área profissional. Para além do, claramente insuficiente, estágio académico, como será possível desenvolver estas competências em outras unidades curriculares do plano de estudos?

O contributo das Terapias Expressivas

As Terapias Expressivas são uma disciplina com um lugar próprio na formação de Psicomotricistas.

As Terapias Expressivas não são uma abordagem da Psicomotricidade, mas aportam à Psicomotricidade um olhar único de integração entre os mediadores expressivos, as técnicas expressivas e o processo terapêutico. Na realidade as Terapias Expressivas são uma abordagem que implica uma formação profissional própria, cuja intervenção, maioritariamente de natureza multimodal e com objetivos (psico)terapêuticos, permite que o terapeuta e o cliente se movam entre o desenho/pintura, o movimento/dança, o drama, a música e a poesia. Sendo vivências, antes de tudo, o mais atualizadas e vivenciadas num Eu Corporal. Este olhar sobre o processo terapêutico com recurso aos mediadores expressivos e não apenas sobre a atividade expressiva em si, é o que faz das Terapias Expressivas uma mais-valia para a Psicomotricidade relativamente à simples vivência expressiva por parte dos formandos. A dimensão poética, mais do que uma dimensão formal, é uma dimensão que se propõe intervir na sensibilidade estética, ética e relacional dos futuros psicomotricistas.

As Terapias Expressivas não trazem só a dimensão expressiva para o espaço terapêutico. Trazem também, enquanto abordagem de/na mediação corporal, inúmeras questões… Com que corpo estamos presentes na relação? De que corpo se fala? O do cliente? O do terapeuta? O visível? O sentido? E o simbólico? O que se inibe? O que se cala? O que diz? Como diz? E o que fazer, o que ler no diálogo dos corpos que se encontram em cada sessão?

Traz-nos também a perspetiva de que a expressão criativa é uma via de entrada para o nosso mundo profundo, expressando sensações, intuições, memórias e sentimentos que de outro modo não são acessíveis à palavra, mas que se alojam num espaço interno íntimo. Todas as tensões e conflitualidades da vida são incrustadas no Corpo, afetando-o, criando equilíbrios e desequilíbrios que se refletem nos nossos estados emocionais e mentais. É este o Corpo, contentor de todas as histórias de vida, cujo reportório podemos ativar e ao qual podemos aceder através do movimento e das várias expressões criativas (Halprin, 2003; Santos, 2008).

Em Terapias Expressivas, o recurso ao movimento, torna-se um veículo de *insight* e mudança. Sendo também um ponto de confluência entre múltiplas abordagens teóricas, evidencia, contudo, no que ao movimento diz respeito, a valorização de uma conceção de Corpo (e do movimento) como espaço de projeção do Eu, perspetivando a vivência expressiva-criativa do corpo com enfoque na experiência emocional daí decorrente (Santos, 2007).

Particularmente a dança/movimento no contexto das Terapias Expressivas, reconhecendo o profundo laço entre a motricidade, o ritmo e a expressividade emocional, e utilizando o corpo como mediador e elemento interativo, constitui-se como um importante contributo para a compreensão da intervenção terapêutica do Psicomotricista.

Com efeito, vários elementos da sua fundamentação teórica de base estão também próximos da fundamentação da Psicomotricidade. Vêm eles de duas grandes correntes. Uma primeira de influência neuropsicológica e cognitiva (Berrol, 2006), apontando para: os aspetos da unicidade psico-corporal; as estreitas relações neuropsicológicas existentes entre as emoções e a ação; a inscrição neurológica dos aspetos mnésicos; a valorização da autorregulação do afeto como controlo interno das emoções. Uma outra de forte influência psicodinâmica, com enfoque nos aspetos da dinâmica relacional que tiveram como génese o corpo e que se manifestam corporalmente nas suas múltiplas formas de expressão e comunicação (Chodorow, 1997; Lauffenburger, 2009).

É, contudo, uma abordagem integrativa que se revela significativa nesta aproximação à Psicomotricidade. Se, por um lado, é necessária uma compreensão profunda do funcionamento neurobiológico, por outro, e em termos de intervenção clínica, torna-se fundamental a compreensão dos contextos relacionais nos quais evoluem as componentes expressiva/comunicativa e afetiva que se inserem numa relação significante e significativa.

A mediação tónico-quinestésica e emocional, libertadora de afetos e representações (o sentido e vivido não-verbalmente) e reestruturadora dos vários níveis do mundo psíquico (através da introjeção de significados mediada pela criação e pela palavra) reinscreve-se a memória corporal e psíquica, possibilitando a mudança.

Corpo, imaginário e processo simbólico

Mas o elemento diferenciador chave nesta abordagem, para além da dimensão do Corpo e da relação, é a dimensão da imaginação e dos processos simbólicos que se movem no espaço entre o interno e o externo, dando lugar à transformação.

São as imagens pictóricas intrapsíquicas e os elementos mnésicos afetivo-corporais que fundam a imaginação. Estes elementos mnésicos estão ancorados na função tónica corporal (que, na perspetiva de Wallon, constitui a base da evolução subjetiva da vida, associando as emoções e os afetos à vida expressiva intuitiva e imaginativa), na imagem do corpo (que está subjacente às intervenções expressivas através do movimento) e são fundados nas representações não-verbais das relações arcaicas (Santos, 2007).

Tecendo toda a vivência relacional do indivíduo ao longo da vida, a imaginação, juntamente com o inconsciente, forma uma ponte entre o mundo interno e a expressão dos seus conteúdos em significados e formas visíveis, sendo em si mesma um processo simbólico e o último recurso da criatividade (Chodorow, 1997). Segundo Knill (2004), a imaginação pode falar-nos através das suas modalidades (movimento, palavras, atos, imagens, sons/ritmos) que emergem em esferas distintas. Os símbolos, as metáforas e as imagens arquetípicas são os fios que tecem as nossas vidas, são mediadores entre o Consciente e o Inconsciente, entre o escondido e o visível (Jung, 1987). E, neste sentido, enquanto processo simbólico, podem desempenhar, no processo terapêutico, o papel de jogo entre terapeuta e paciente (Winnicott,1971). Um jogo onde o material são as imagens e as próprias expressões artísticas, que no espaço transacional possibilitam o encontro intra e interpessoal. Um jogo de constante movimento, de constante ressonância de significados (Levine, 2004).

A imaginação é assim o conceito central para a compreensão do uso das artes expressivas (assim como do jogo) em terapia. Ela diz respeito à capacidade da mente criadora de imagens as manifestar e formar a realidade de acordo com elas. Knill (2004; pp.50) refere que "o pensamento imaginativo e o jogo pertencem às substâncias psíquicas que, quando não corretamente metabolizadas, podem provocar distúrbios". E é este metabolismo que é ativado através da atividade criadora. Halprin (2003) refere, especificamente, que bloqueios no processo criativo indicam uma perda de contacto com esta energia vital, um desequilíbrio na capacidade para responder através de atos de vontade e um corte com a imaginação, conduzindo a sentimentos de depressão, zanga, ansiedade ou reações de colapso ou esvaziamento perante situações novas, associados a uma diminuição na capacidade para explorar todos os recursos válidos. Natalie Rogers (1993) atribui estes bloqueios a uma intensa crítica interna, necessidade de aprovação ou medo de falhar.

De qualquer modo, os bloqueios no processo criativo têm bastante importância no desenvolvimento do processo terapêutico, na medida em que é na sua presença, devido ao que alguns consideram a compulsão à repetição (que rigidifica os padrões criativos), que se desenvolve o deslocamento do investimento emocional do ato criativo para o terapeuta (transferência). Estes bloqueios e a incapacidade de criar conduzem à regressão e à mobilização generalizada das operações defensivas primárias (Santos, 2007).

A expressão da imaginação no contexto da terapia, seja através do jogo seja através das expressões artísticas, funciona assim como uma experiência transacional (Levine, 2004; Winnicot, 1971), onde o produto expressivo-artístico (ainda que mais ou menos efémero) é por vezes vivenciado como objeto transitivo. Transitivo, na medida em que a sua criação não só é uma expressão do mundo interno no mundo externo, mas essencialmente porque ela depende da partilha de imagens entre o cliente e o terapeuta, com vista a (re)criar os aspetos perdidos durante o seu processo de desenvolvimento. No entanto, a expressão artística, ao contrário do objeto transitivo que serve como alternativa concreta para o redireccionamento dos impulsos e fantasias primitivas, funciona como um substituto simbólico que permite a distanciação destes impulsos e fantasias. No primeiro caso, o investimento libidinal é idêntico, no segundo caso, "o produto criativo artístico constitui um nível mais avançado de organização simbólica dos impulsos e fantasias primitivos reprimidos" (McMurray, 2001; pp. 313).

O trabalho do terapeuta será o de enriquecer e investir o mais possível essa área (espaço potencial de Winnicot), onde ocorrem as experiências transacionais e onde o trabalho criativo envolverá uma experiência reparadora. Para tal, é também função do terapeuta ajudar na flexibilização e libertação do processo expressivo-criativo.

Segundo Rogers (1961) e Natalie Rogers (1993), existem aspetos internos e externos que nutrem a criatividade, merecendo destaque: ao nível das condições internas, a abertura à experiência (com uma quebra das defesas e da rigidez, uma abertura a novos conceitos e crenças, assim como tolerância à ambiguidade); ao nível das condições externas: a segurança psicológica (providenciando um clima empático onde a avaliação externa esteja ausente), a liberdade psicológica (com a completa liberdade de expressão simbólica) e a oferta de experiências estimulantes e modificadoras.

Em Psicomotricidade, esta aprendizagem da facilitação de um processo ludo-expressivo-criativo é fundamental. Como fazê-lo com os outros sem o despertar primeiro em si? Como o fazer sem que seja num processo experiencial?

A vivência de Terapias Expressivas no desenvolvimento do psicomotricista

A Declaração Mundial do Ensino em 1998 determina que "a educação deve ser levada a cabo de uma forma holística, endereçando as necessidades pessoais e desenvolvimentais dos estudantes enquanto seres humanos completos". Esta perspetiva contextualiza-se na Declaração de Bolonha (1999) que realça um modelo de ensino-aprendizagem que se centre na aquisição de competências e no qual as componentes de trabalho experimental têm um papel fundamental na integração de conhecimentos, habilidades, valores pessoais e atitudes que são adquiridos através da experiência do fazer e do aprender fazendo (Bartram & Roe, 2005, *in* Santos & Vaz-Velho, 2015). No caso da formação em Psicomotricidade, enquanto profissão altamente relacional que põe em jogo dimensões profundamente pessoais, a formação necessariamente deverá passar por uma possibilidade de questionamento do "Ser em Corpo" do psicomotricista no mundo e no mundo da relação.

A possibilidade de o explorar através de metodologias para o desenvolvimento pessoal e interpessoal, implica a promoção de processos gerais que devem ser de natureza experiencial ou mais próximas da experiência, mas, também, de natureza mais conceptual e mais distantes da experiência (Pascual-Leone & Greenberg, 2007). Estas metodologias, dependendo da forma como são exploradas, são uma oportunidade geradora de desenvolvimento quando se tornam em ocasiões potenciadoras de exploração pessoal e interpessoal significativas e desafiantes. Para tal, é importante que às atividades se sigam momentos de reflexão e de integração dessas mesmas experiências englobando novos sentidos e significados (Santos & Vaz-Velho, 2015).

Ao longo de vários anos de lecionação da disciplina de Terapias Expressivas na formação de psicomotricistas, propusemo-nos refletir sobre o impacto da sua componente experiencial nas vivências internas de futuros psicomotricistas. E propusemos fazê-lo a partir do olhar dos estudantes sobre o seu próprio processo.

O objetivo da unidade curricular (inserida na licenciatura em Reabilitação Psicomotora da Universidade de Évora) não é apenas a apreensão dos conteúdos teóricos propostos, mas também (e talvez essencialmente) a integração prática desta abordagem através da exposição a uma série de vivências expressivo-artísticas que introduzem os alunos em algumas competências e técnicas, vividas durante as 30 horas dos ateliers de expressão.

Estes ateliers, que constituem as aulas práticas, desenvolvem-se semanalmente em blocos de duas horas, durante as quais cada aluno tem a oportunidade de participar ativamente em várias e diferentes dinâmicas individuais e de grupo com vista a atingir os objetivos da unidade curricular, promovendo a experiência, reflexão, compreensão e (espera-se) integração de sua experiência individual e relacional. Nestes ateliers a dança/movimento, música, drama, pintura, poesia, escrita criativa e imaginário guiado são utilizados como facilitadores da expressão emocional e do conhecimento intra e interpessoal.

Frequentemente são propostas ao grupo atividades que possibilitam um espaço de encontro de cada um consigo próprio e que permitam a abertura ao encontro com o outro. Propostas de vivências dum tempo para entrar em contacto consigo próprio, de escuta de si, para, a partir da disponibilidade interna criada, poder olhar/escutar o outro, mas também deixar-se olhar/escutar por esse outro. Podemos, por exemplo propornos trabalhar sobre a escuta do corpo próprio, a consciência corporal de pequenos segmentos que vamos visitando e que nos evocam memórias mais ou menos dizíveis. E num movimento fluído, começarmos o Encontro com o outro, num corpo que primeiro se espelha em movimento, numa procura de sintonia quinestésica que evoca a sintonia afetiva necessária à escuta...primeiro num círculo que nos alberga, depois num encontro nuclear diádico que nos vai afinando a escuta...Por vezes, a quietude chega, rasgando defesas e véus internos, permitindo a abertura ao outro através do silêncio e do olhar... Outras vezes, a imaginação é resgatada numa dança dos braços que habita a folha de papel, trazendo memórias insuspeitas que podemos revelar e simbolizar, depois, no jogo dramático.

Os processos são propostos e guiados, o trabalho do imaginário, do simbólico, da escuta, é interno... Posteriormente, através da partilha da experiência de cada um, a escuta ganha novamente outro sentido, sintonizando a atenção para entrar em contacto com o outro, mas na certeza de que a escuta pressupõe sempre o poder escutar dentro de si o que o outro em nós convoca (Biscaia & Santos, 2016).

Ao longo do semestre, os estudantes realizam um trabalho teórico e um diário sobre as sessões práticas. Estes diários têm como objetivo facilitar a reflexão e consciencialização do trabalho realizado em cada aula prática. No final, cada estudante é convidado a adicionar ao seu diário uma reflexão sobre o processo de desenvolvimento pessoal que ocorreu durante toda a formação, especificando a contribuição da componente experiencial para o processo de (trans)formação. Os diários são assim um registo escrito das experiências (internas e relacionais) dos estudantes e das suas reflexões sobre as aulas práticas.

A partir da análise dos diários reflexivos, podemos ouvir as vozes dos estudantes sobre a importância atribuída aos processos experienciais da sua formação. Afirmam transformações na maneira como se veem e como veem o outro, expressando de várias maneiras o aprofundamento do seu conhecimento pessoal como decorrente das experiências vivenciadas nas aulas práticas, assim como os processos que permitiram essas mudanças, como a experiência pessoal, os processos relacionais do grupo ou os próprios mediadores expressivos e as metáforas descobertas. Em relação a este último parâmetro, revelam que, através da escuta e experiência do corpo real e imaginário, em movimento e relação com o próprio, com os objetos e com o outro, foi possível aceder ao íntimo, através, muitas vezes, de processos metafóricos que deram forma e significado às múltiplas vivências. Foi valorizada a descoberta de linguagens que descodificaram pedaços das histórias internas e possibilitaram a construção de diálogos harmoniosos com os outros (ex. "surgiu a imagem da árvore [...] tentando alcançar o infinito, mas nunca conseguindo'; "via-a desde o início como um colo, um porto seguro [...] fiz da sua respiração a minha respiração", "as palavras não estão lá, não fazem barulho e deixam que o corpo seja ouvido...", "tentei pintar num papel de cenário todas as emoções por que tinha passado, como se fossem paragens que fizesse", "como se eu fosse livre de tensão e angústia e meu corpo mais sereno... como um pássaro").

Conclusões

Habitar o Corpo em Presença é um requisito indispensável para a prática profissional de Psicomotricista. Escutá-lo e dar-lhe voz, mesmo quando esta não tem palavras ou sons, ou quando no início não os tem, é uma das suas maiores tarefas.

A Expressão é a possibilidade de tornar visível a interioridade emergente. A possibilidade multivariada de lhe dar espaço surge apenas de uma verdadeira escuta sensível e liberta ao Outro. Antes de mais, uma escuta sensível e liberta a si próprio.

Os mediadores expressivos, colocando o foco não na atividade, mas no processo interno e relacional, são uma possibilidade de trazer à luz e dialogar nesta corporeidade que, inspirando-nos em Merleau-Ponty (1976), nos permite Ser em Corpo.

A sua inclusão na formação em Psicomotricidade abre-nos à possibilidade de ajudar a tecer um caminho mais delicado, de resgate interior da sensibilidade e do imaginário e dos seus ecos na vivência psico-corporal e relacional do psicomotricista. Este perscrutar interior e abertura de caminhos para a sua via expressiva no exterior relacional possibilitará claramente uma maior autenticidade no reconhecimento do Outro, da sua vivência interna e da sua forma de viver o corpo. Simultaneamente, o conhecer algumas vicissitudes do percurso de uma voz interna que se quer "desaprisionar" e libertar no corpo, ajudará, com certeza, a facilitar a abertura de caminhos no outro, contribuindo assim para dar maior substância a esta profissão de ajuda e do cuidar.

Referências Bibliográficas

Associação Portuguesa de Psicomotricidade (2012). *Regulamento Profissional dos Psicomotricistas Portugueses*. https://www.appsicomotricidade.pt/

Berrol, C. (2006). Neuroscience meets dance/movement therapy: Mirror neurons, the therapeutic process and empathy [Encontro das neurociências com a dança/movimento terapia: Neurónios espelho, processo terapêutico e empatia]. *The Arts in Psychotherapy*, 33 (4), 302-315. https://doi.org//10.1016/j.aip.2006.04.001

Biscaia, C & Santos, G.D. (2018). À escuta…para cuidar. In M. Folque, D. Magalhães, & C. Vaz-Velho (org), *O Cuidado nas profissões dedicadas ao bem-estar e desenvolvimento humano* (pp. 90-94). CIEP_UE.

Chodorow, J. (1997). *Dance Therapy & Depth Psychology: The moving imagination* [Dança terapia e psicologia: O movimento imaginado]. Routledge.

ONISEP (n.d.). Diplôme d'Etat de Psychomotricien [Diploma de estado de psicomotricista]. https:// www.onisep.fr/Ressources/ Univers-Formation/Formations/Post-bac/diplome-d-etat-de-psychomotricien

European Forum Psychomotricity (2012). Psychomotrician Professional Competences in Europe [Competências Profissionais do Psicomotricista na Europa] https://psychomot.org/ documents-inventory/professional_competences_2012.pdf

Geller, S. M., & Greenberg, L. S. (2002). Therapeutic presence: Therapist's experience of presence in the psychotherapy encounter [Presença terapêutica: Experiência do psicomotricista no encontro psicoterapêutico]. *Person-Centered and Experiential Psychotherapies*, *1*(1&2), 71-8. https:// doi.org/10.1080/ 14779757.2002.9688279

Giromini, F. (2019). Spécificité da la formation corporelle en psychomotricité [Especificidade da formação corporal do psicomotricista]. In A. Vachez-Gatecel & A. Valentin-Lefranc (Org.), *Le Grand livre des pratiques psychomotrices* (pp. 15-26). Dunod.

Halprin, D. (2003). *Expressive body in life, art and therapy* [Corpo expressivo na vida, arte e terapia]. Jessica Kingsley.

Jung, C. (1987). *O Espírito na Arte e na Ciência*. Vozes.

Knill, P. J. (2004). Soul nourishment, or the intermodal language of imagination [Nutrição da alma, ou linguagem intermodal da imaginação]. In S. Levine and E. Levine (Eds) *Foundations of Expressive Arts Therapy* (pp. 37-52). Jessica Kingsley.

Lauffenburger, S.K. (2009). Finding the best psychodynamic support for dance movement therapy [Procura do melhor suporte psicodinâmico para a dança movimento terapia]. *Dance Therapy Collections*, 3, 40-50.

Levine, E. (2004). On the playground: Child psychotherapy and expressive arts therapy [No recreio: Psicoterapia e terapia pela arte expressiva com crianças]. In S. Levine & E. Levine (Eds) *Foundations of Expressive Arts Therapy* (pp. 257-274). Jessica Kingsley.

McMurray, M., & Schwartz-Mirman, O. (2001). Integration and working through in art therapy [Integração e trabalho através da arte terapia]. *The Arts in Psychotherapy*, 28, 311-318.

Merleau-Ponty, M. (1976). Phénoménologie de la perception [Fenomenologia da perceção]. Gallimard.

Rogers, C. (1961). *On Becoming a person* [Tornar-se pessoa]. Hougston Mifflin Company.

Rogers, N. (1993). *The Creative Connection: Expressive Arts as Healing* [Conexão creativa: Arte expressiva como cura]. Science & Behavior Books.

Santos, G. D. (2007). *Dançoterapia Integrativa: Uma metodologia de intervenção em Comportamentos Agressivos* [Tese de Doutoramento não publicada]. Universidade de Évora, Portugal.

Santos, G. D. (2008). Dançoterapia integrativa na transformação de relações interpessoais. *International Journal of Developmental and Educational Psychology*, 3(1),163-173.

Santos, G. D. (2019). Corpo, presença e expressão em psicoterapia. In C. Biscaia & D. D. Neto (Coord). *A prática profissional da Psicoterapia* (pp. 423-437). Ordem dos Psicólogos Portugueses.

Santos, G. D., & Vaz Velho, C. (2015). *Desenvolvimento Pessoal e Interpessoal: uma tarefa na formação académica do Psicólogo?* In E. Chaleta (Org.) Procedings of III International Conference Learning and Teaching in Higher Education & I Congresso Internacional Ibero-Afro-Americano de Psicologia (II Vol, pp. 210-215). Évora, Portugal.

Pascual-Leone, A., & Greenberg, L. S. (2007). Insight and awareness in experiential therapy [*Insight* e consciência na terapia experiencial]. In L. Castonguay & C. E. Hill (Eds.), *Insight in psychotherapy*. American Psychological Association.

Winnicott, D. (1971) *Jeau et réalité - L'espace potential* [Jogo e realidade – O espaço potencial]. Galimard.

UNESCO - World Conference on Higher Education (1998). *World declaration on higher education for the twenty-first century: Vision and action* [Declaração mundial do Ensino superior para o século vinte e um]. http://www.unesco.org/education/educprog/wche/declaration_eng.html

VIVÊNCIAS CORPORAIS EM MEIO AQUÁTICO
Uma visão psicomotora

Ana Rita Matias

Introdução

A Psicomotricidade ao incutir um olhar global e integrador sobre as diversas dimensões do desenvolvimento do indivíduo, permite uma união entre a expressão corporal e a atividade mental. A relação corpo-mente constrói-se ao longo da nossa existência, mais ou menos harmoniosamente, e a nossa imagem do corpo evolui num movimento de integração de experiências de vida, numa combinação de três tempos: passado, presente e futuro (Potel, 1999) e a sua expressão traduz os processos neurobiológicos e psicológicos (Boscaini, 2005).

A água possui características físicas que atuam no corpo de forma específica, provocando efeitos fisiológicos (ao nível da respiração, do ritmo cardíaco, da temperatura), mecânicos (lentificação do movimento, redução do peso, novas informações acerca do equilíbrio, ...), psicológicos (ansiedade, angústia, excitação, calma, ...). Estes efeitos vão, inevitavelmente, interferir na forma de comunicar de cada um (Potel, 2015).

De um modo geral, a intervenção psicomotora pode ser indicada em dois âmbitos: preventivo e terapêutico. No âmbito preventivo, a água assume um papel mediador do desenvolvimento e da aprendizagem. Pretende-se educar as capacidades sensitivas, percetivas, simbólicas, permitindo a identificação precoce de fragilidades desenvolvimentais. Quando estas fragilidades se conseguem situar num quadro clínico, com interferência no quotidiano do indivíduo ao nível da aprendizagem e das relações, então a intervenção psicomotora em meio aquático será enquadrada no âmbito terapêutico. Por vezes a intervenção do psicomotricista é acompanhada por um outro profissional, nomeadamente do professor de educação física, num modelo de parceria pedagógica. Segundo Sanches (2011) esta cooperação entre os profissionais leva à reflexão, ao questionamento das práticas, a uma melhor compreensão dos erros de cada um, à procura de respostas para diferentes situações, à utilização de novas estratégias e à sensação de partilha e de união entre profissionais, contribuindo assim para o desenvolvimento das práticas profissionais.

No âmbito terapêutico, através de um corpo em relação, pretende-se uma securização pessoal e relacional, desenvolver a capacidade adaptativa de desempenho pela ação, a adequabilidade da intencionalidade (Matias, 2010) e da forma de comunicação. Também, nesta forma de intervenção, se pode ponderar, apesar de menos habitual, a parceria terapêutica ou coterapia. Nesta, para além de ser fundamental existir uma boa relação entre os terapeutas, acresce a necessidade de criar um clima que seja terapêutico e confortável para os indivíduos

(Roller & Nelson, 1991). Cada terapeuta pode assumir um papel diferente no grupo, com uma atitude mais ou menos ativa, mais ou menos próxima, sendo que a coterapia facilita quando um indivíduo precisa de uma atenção especial (Étienne et al., 2015) em função da fase do processo terapêutico em que se encontra.

A água como mediador do desenvolvimento e da aprendizagem

Na intervenção psicomotora, independentemente do âmbito, o corpo assume um papel fundamental pois é ele que experimenta, que sente, que perceciona e representa internamente as experiências vividas. Será através das manifestações corporais e de seus respetivos significados que se estabelecerá um diálogo corporal (Ballouard, 2008). E é através do corpo que o psicomotricista usará a sua própria experiência corporal como instrumento de ressonância e compreensão das situações (Étienne et al., 2015).

A água é vista e pensada não só como elemento físico, mas também como elemento simbólico, com as suas ressonâncias imaginativas e as suas potencialidades (Sacks, 2019), sendo encarada como mediador. A mediação propõe um espaço "entre", propõe um espaço intermédio entre a relação e comunicação (Potel, 2010).

A intervenção psicomotora surge como um pilar, uma base estrutural de outras atividades que se desenvolvem em meio aquático, sejam elas ao nível da adaptação ao meio aquático ou da aprendizagem formal das técnicas de nado ou até de outras atividades aquáticas (e.g., natação adaptada). Apesar de se acreditar no potencial de aprendizagem dos indivíduos, sabemos que a situação clínica destes poderá interferir com o seu processo de aprendizagem, limitando-os nas aquisições. Ainda assim, ambiciona-se que o indivíduo venha a conseguir frequentar sessões de atividades de psicomotricidade em meio aquático que o aproxime das vivências possíveis com os seus pares.

Que sensações podemos aceder em meio aquático?

A adaptação do corpo à água implica todas as funções sensoriais e motoras: o olhar, a audição, a perceção cinestésica, o equilíbrio, a respiração, o tato (Potel, 2015).

As sensações cinestésicas (relacionadas com a capacidade de o indivíduo reconhecer a localização espacial do seu corpo, sua orientação e sua posição, a força exercida pelos músculos e a posição das partes do corpo em relação com as demais, sem utilizar a visão) são dadas pelas propriedades físicas da água. Estas sensações permitirão a flutuação, a libertação das articulações, a sensação de *pseudo* leveza. Visualmente, a imagem da água transmite uma dupla representação: por um lado, um espaço aglutinador, ativador de angústias; por outro, um espaço prazeroso de liberdade que poderá levar à reativação de imagens precoces de contenção maternal. Esta contenção maternal também poderá ser acedida através do calor (quando estamos perante águas aquecidas), pela sustentação (possível pela força da impulsão, pelas oscilações que acontecem quando nos deixamos flutuar). Assim, a água pode ser vista como um suporte de possível projeção das experiências vividas pelo sujeito, do seu próprio corpo, e da relação com o outro (Decourt, 2002; Potel, 1999, 2015). Através destas sensações corporais, o indivíduo aumentará o seu léxico sensorial, abrindo diferentes possibilidades de experiências. Estas experiências tanto podem ser desagradáveis e desorganizadoras como agradáveis e organizadoras. A qualidade das experiências deve-se, em grande medida, à forma como são mediadas, ora por um psicomotricista, ora pelos próprios pais. Mas vejamos primeiro o psicomotricista e deixemos os pais para mais adiante.

O papel do psicomotricista

O psicomotricista permitirá aos indivíduos manipular a água e operar com ela (Onofre, 2004), assumindo um duplo papel. Por um lado, investir verdadeiramente na experiência corporal da pessoa com quem está a trabalhar e, por outro, usar a sua própria experiência emocional e corporal como um instrumento de ressonância e compreensão das situações. Ao mesmo tempo, o terapeuta liberta-se daquela experiência corporal que o envolve tão diretamente e o expõe enquanto indivíduo. O que faz o psicomotricista, enquanto técnico, é mediar a construção do indivíduo, na sua história individual e na de grupo. Construir é conseguir identificar-se, diferenciar-se e individualizar-se. Cada perceção é acompanhada de um processo de projeção-introjeção, vinculado à regulação do prazer-desagrado. Cada perceção é acompanhada de um processo vinculado à regulação prazer-desagrado. No entanto, tal não é suficiente para ser terapêutico. Nesta situação de cuidado, o terapeuta tem um papel de recetor e está atento aos sinais emitidos pelo indivíduo. A objetivação vem do psicomotricista, através da sua presença, da sua palavra, dando sentido ao comportamento (Ballouard, 2008; Potel, 1999, 2010).

Assim, no meio aquático, o terapeuta enquadra-se numa relação terapêutica, em função das necessidades do indivíduo:

1. Fusão, com referência às primeiras relações da criança com a mãe (identificação primária), substrato de elaboração da imagem de corpo e suporte de individualização progressiva;

2. Processo de individualização e automatização. O objeto água, converte-se num objeto de vinculação. É um equivalente do próprio corpo e permite a construção da imagem do corpo. A comunicação entre o indivíduo e a água é acima de tudo sensoriomotora. O diálogo tónico emocional existente modifica a experiência corporal e a consciência do corpo do indivíduo;

3. Dimensão social, com aceitação da triangulação e da consolidação do Eu (Ballouard, 2008; Potel, 1999, 2010).

O papel dos pais

Se falamos de relações precoces, temos que falar dos pais e das relações que se estabelecem nesta díade (pai/mãe-criança). Para tal é necessário preparar e implicar os pais nessa comunicação, na consciência do processo de vinculação em que estão envolvidos.

Bowlby (1998) assegura que a vinculação não é só uma base de segurança, a partir da qual o indivíduo pode explorar o meio, mas também um meio onde o indivíduo é capaz de sentir que o próprio pode despertar cuidados por parte de terceiros, aumentando as expectativas de eficácia pessoal que se generalizam a outros contextos. Por outro lado, uma figura inconsistente ou de rejeição produz a sensação de impotência para gerar capacidades adequadas por parte dos demais, o que acaba por traduzir-se em expectativas de ineficácia individual e de baixo autoconceito. Estas inseguranças moldam, são ingredientes que participam na formação das crianças e, nestas, as carências afetivas precoces são marcantes.

Tal como defende Stretch (2004), independentemente do que se faça no mundo físico ou psíquico, é sempre melhor atacar a origem dos problemas. É na família que a criança começa a utilizar os valores de inter-relação social para marcar os padrões de conduta e reproduzir a micro e a macro sociedade.

Dois outros conceitos importantes que nos são trazidos por Winnicott (1975), e que nos remetem, por um lado, para a qualidade do contato físico, para a adaptação postural entre a criança e a mãe/pai, para o segurar (*holding*) e, por outro, para a forma como o bebé é tratado e para o manuseio (*handling*). "There is no such thing as a baby" (Winnicott, 1975, p.39), significa que um bebé não pode existir sozinho, isto é, sem uma figura que o ajude a desenvolver-se. Contribui para este desenvolvimento a visão de Ajuriaguerra (Marcelli & Ajuriaguerra, 1996) que realça o diálogo tónico entre mãe/pai e bebé, com constantes ajustamentos corporais (tónicos) interativos entre ambas as partes. Para este autor, esta interação é uma verdadeira ferramenta de comunicação.

Com os pais, pretende-se desenvolver atividades que sejam suficientemente boas para as crianças, de forma que o seu ego se desenvolva num contexto seguro. A intervenção em meio aquático deve permitir a reativação de experiências primárias, as recordações de boas experiências ajudando a criança a superar a ausência, proporcionando a base para o objeto transicional.

A intervenção psicomotora em meio aquático surge como um pilar, uma base estrutural de outras atividades que se desenvolvem em meio aquático, sejam elas ao nível da adaptação ao meio aquático ou da aprendizagem formal das técnicas de nado ou até de outras atividades aquáticas (e.g., natação adaptada). A criança, que antes do seu nascimento, usufrui de experiências saudáveis e prazerosas no meio aquático, beneficiará de uma recordação positiva com marcas significativas para o futuro (Onofre, 2004).

Referências bibliográficas

Ballouard, C. (2008). *Psychomotricité: 25 notions clés* [Psicomotricidade: 25 noções chaves]. Dunod.

Boscaini, F. (2005). Bilan psychomoteur: Pour une nouvelle sémiologie et classification des troubles psychomoteurs [Avaliação psicomotora: Para uma nova semiologia e classificação dos problemas psicomotores]. *Evolutions Psychomotrices, 17*(68), 88–100.

Bowlby, J. (1998). *A secure base: Parent-child attachment and healthy human development* [Uma base segura: Vinculação pais-criança e desenvolvimento humano saudável]. Basic Books.

Decourt, M. (2002). Au lieu de l'eau [No meio aquático]. *Evolutions Psychomotrices, 14*(58), 10–15.

Étienne, M., Jacquet, S., & Scialom, P. (2015). Pathologie psychomotrice associée aux troubles anxieux chez l'enfant [Patologia psicomotora associada aos problemas de ansiedade em crianças]. In F. Giromini, J.-M. Albaret, & P. Scialiom, *Manuel d'enseignement de psychomotricité. Clinique et thérapeutiques* (Vol. 3, pp. 169–181). DeBoeck Supérieur.

Marcelli, D., & Ajuriaguerra, J. (1996). *Manual de psicopatologia del niño* (3ª Ed.) [Manual de psicopatologia da criança]. Elsevier.

Matias, A. R. (2010). *Psicomotricidade em meio aquático na primeira infância.* Tuttirev Editorial.

Onofre, P. (2004a). *A criança e a sua psicomotricidade.* Trilhos Editora.

Potel, C. (1999). *Le corps et l'eau* [O corpo e a água]. Érès.

Potel, C. (2010). *Être psychomotricien. Un métier du présent, un métier d'avenir* [Ser psicomotricista: Uma profissão do presente, uma profissão do futuro]. Érès.

Potel, C. (2015). L'eau, une médiation thérapeutique transitionnelle [A água, uma mediação terapêutica transicional]. In F. Giromini, J.-M. Albaret, & P. Scialiom, *Manuel d'enseignement de psychomotricité:* Méthodes et techniques (Vol. 2, pp. 318–328). De Boeck Supérieur.

Roller, B., & Nelson, V. (1991). *The art of co-therapy: How therapists work together* [A arte da co-terapia: Como os terapeutas trabalham juntos]. Guilford Press.

Sacks, O. (2019). *Tudo no seu lugar.* Relógio d' Água.

Sanches, I. (2011). Do aprender para fazer ao aprender fazendo: As práticas de educação inclusiva na escola. *Revista Lusófona de Educação, 19,* 135–156.

Stretch, P. (2004). *Quero-te muito: Crónicas para pais sobre filhos.* Assírio e Alvim.

Winnicott, D. W. (1975). *O brincar e a realidade.* Imago.

SOBRE OS AUTORES

Ana Rita Matias

Doutora em Motricidade Humana. Psicomotricista. Professora na licenciatura em Reabilitação Psicomotora e no mestrado em Psicomotricidade, Escola de Saúde e Desenvolvimento Humano, Universidade de Évora.

Andrè Brandily

Psicomotricista. Formação de ator. Professor no IFP Pitié-Salpêtrière, Faculdade de Medicina, Universidade Sorbonne.

António Ricardo Mira

Doutor em Ciências da Educação. Trabalha, desde 2009, na formação de psicomotricistas no mestrado em que lecciona a unidade curricular *comunicação não-verbal na prática psicomotora*. Professor Auxiliar Jubilado Activo na Universidade de Évora, Escola de Ciências Sociais, Departamento de Pedagogia e Educação.

Catherine Potel

Psicomotricista. Psicoterapeuta. Terapeuta em relaxação analítica Sapir. Professora no IFP Pitié-Salpêtrière, Faculdade de Medicina, Universidade Sorbonne, no IFP de Lille, no IFP de l'ile de la Réunion.

Gabriela Almeida

Doutora em Motricidade Humana. Psicomotricista. Professora na licenciatura em Reabilitação Psicomotora e no mestrado em Psicomotricidade, Escola de Saúde e Desenvolvimento Humano, Universidade de Évora. Diretora do mestrado em Psicomotricidade. Formação em psicoterapia psicanalítica pela Associação Portuguesa de Psicanálise e Psicoterapia Psicanalítica.

Graça Duarte Santos

Doutora em Psicologia. Psicóloga Clínica e especialista em Terapias Expressivas. Desde 2008 é professora e membro das Comissões de Curso na licenciatura em Reabilitação Psicomotora e no mestrado em Psicomotricidade, Escola de Saúde e Desenvolvimento Humano, Universidade de Évora.

Guida Veiga

Doutora em Motricidade Humana. Psicomotricista. Professora na licenciatura em Reabilitação Psicomotora e no mestrado em Psicomotricidade, Escola de Saúde e Desenvolvimento Humano, Universidade de Évora. Diretora da licenciatura em Reabilitação Psicomotora.

Jorge Manuel Gomes de Azevedo Fernandes

Doutor em Motricidade Humana. Professor aposentado tendo lecionado unidades curriculares na licenciatura em Reabilitação Psicomotora e mestrado em Psicomotricidade, Escola de Saúde e Desenvolvimento Humano, Universidade de Évora. Foi diretor da Licenciatura 2007-2017 e do Mestrado 2008-2014.

José Marmeleira

Doutor em Motricidade Humana. Professor na licenciatura em Reabilitação Psicomotora e no mestrado em Psicomotricidade, Escola de Saúde e Desenvolvimento Humano, Universidade de Évora. Foi diretor do mestrado em Psicomotricidade 2015-2017.

Nelly Thomas

Psicomotricista em reanimação neonatal no CHIC de Créteil. Professora no IFP Pitié-Salpêtrière, Faculdade de Medicina, Universidade Sorbonne.

Tiago Estêvão

Mestre em Psicologia Clínica e licenciado em Psicologia. Psicoterapeuta e psicanalista em formação. Membro associado da Associação Portuguesa de Psicanálise e Psicoterapia Psicanalítica.

Nota: Alguns autores portugueses escreveram segundo o Acordo Ortográfico de 1945, com a revisão que dele foi feita em 1973, e outros a partir do Acordo Ortográfico de 1990.